Nudossi
36%
HASELNUSS

Jürgen Helfricht

Der Nudossi® Code

Backrezepte & Kochideen

Die Geschichte der Nuss-Nougat-Crème

Mit Tipps vom
Sternekoch Dirk Schröer

Husum

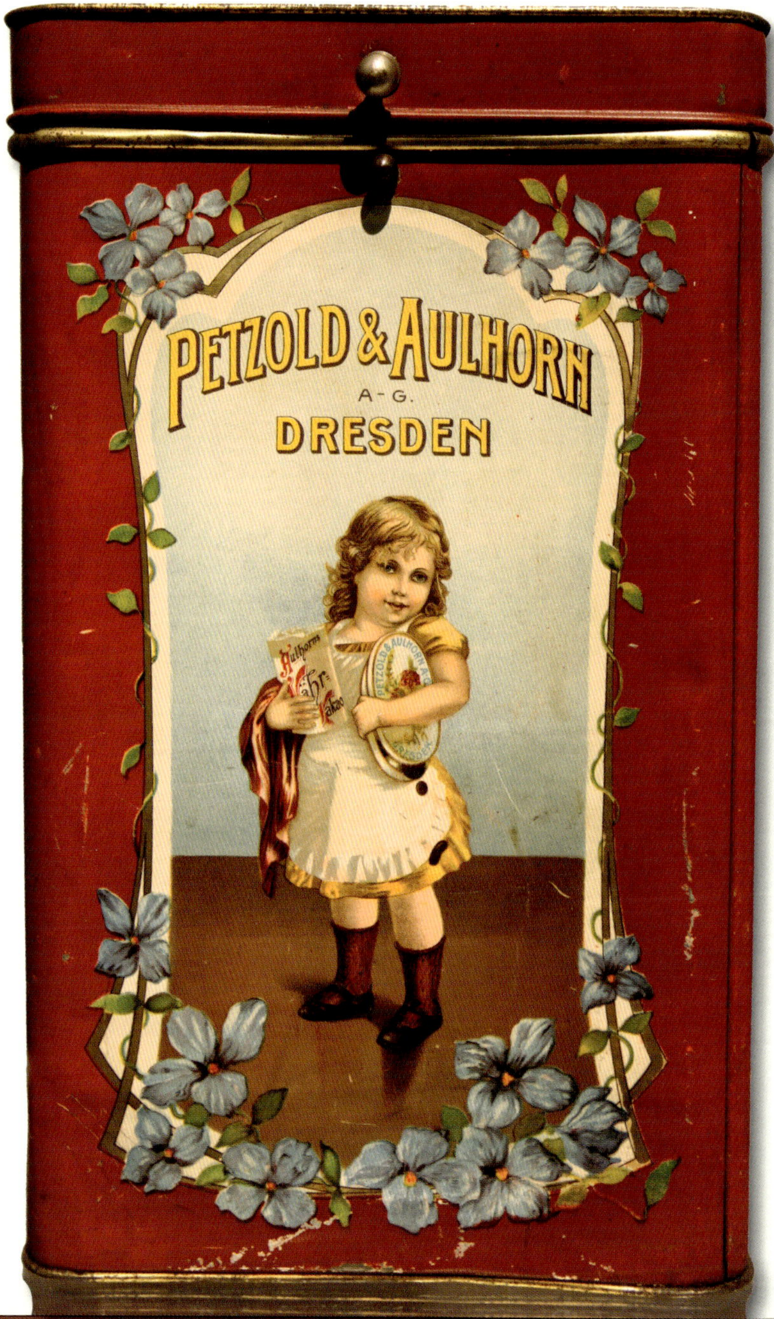

Originale Blechdose
der berühmten
Dresdner Firma
„Petzold & Aulhorn“

Vorwort

Seit Jahrzehnten ist Nudossi® für Millionen Kinder und Erwachsene der Star jeden Frühstücks. Und dank bester Bewertung bei Warentests hat die bekannte Marke mit 36 Prozent Haselnüssen mittlerweile Fans in der Bundesrepublik, ja im gesamten deutschsprachigen Raum. Doch der einzigartige Nuss-Nougat-Aufstrich voll wichtiger Vitamine und Mineralien ist auch die leckere Zutat, mit der sich raffinierte Gerichte, köstliche Desserts, Kuchen, Stollen und Torten zubereiten lassen. Sogar Spitzen-Köche von Luxushotels interessieren sich heute für die außergewöhnliche Crème. Denn Nudossi® verleiht Speisen eine ganz besonders feine Note, eignet sich brillant zum Backen und ist der Clou bei Shakes. Erstmals verraten Sterne-Koch Dirk Schröer vom Gourmetrestaurant Caroussel im Hotel Bülow Palais Dresden und die Nudossi®-Chocolatiers dutzende Rezepte für jeden Geschmack und jedes Alter. Gewürzt mit allen Geheimnissen der Nuss-Kreation und ihrer wahrlich abenteuerlichen Geschichte: Tauchen Sie ein in die spannende Historie der Schokolade, die vor 3500 Jahren in Mittelamerika begann. Gehen Sie mit auf Zeitreise durch Jahrhunderte, die uns auch an den Fürstenhof eines barocken Genießers, zu den Ursprüngen des weltberühmten Meissener Porzellans® oder zur Erfindung der Milchschokolade anno 1839 in Dresden führt. Lesen Sie, wie schließlich das legendäre Ost-Produkt entstand und durch eine sächsische Konditoren-Dynastie heute zu höchster Vollendung findet. Viel Spaß bei der Lektüre und genussvolle Stunden beim Testen der Rezepte!

Dr. Jürgen Helfricht

Die geheimnisvollen Sonnenbohnen der Azteken

Historische Zeichnung eines Kakaobaums mit reifen und unreifen Früchten sowie Schädlingen

So wie die Blätter mittelamerikanischer Urwaldbäume kaum Licht zum Erdboden gelangen lassen, hüllt die Geschichte bis heute ihre fast undurchdringlichen Schleier über die Anfänge der Schokolade. Nur eines scheint sicher: Schon vor 3500 Jahren kannten die im feuchten Tiefland der mexikanischen Golfküste siedelnden Olmeken das Wort „kakawa", aus dem sich schließlich „cacao" entwickelte. Und wenn sie dieses Wort erfanden, werden sie auch die wild in Wäldern wachsenden Büsche in kleinen Hainen kultiviert, ihre Früchte geerntet, die Samen getrocknet, geröstet, geschält, im Mörser zerstoßen und wie seitdem über Jahrtausende üblich ein Getränk daraus bereitet haben.

Deren Wissen eigneten sich 300 Jahre nach Christus die Maya an, die mit Kakao außerdem Speisen würzten, einen fettreichen Brei fabrizierten, Handel trieben, ihn sogar als Opfergabe, Heilmittel und Währung nutzten. Vermutlich wussten die Maya um die geschmacklich wichtige Wirkung der Fermentation: Denn die Samen, die in den Früchten des Kakaobaumes stecken, sind von Natur aus bitter. Platzt die Schote am Stamm auf und vertrocknet, fallen die Kieselsteinchen ähnelnden Samen irgendwann auf die Erde. Wenn jedoch ganze Früchte auf dem Boden landen und die feuchte Urwald-Hitze ihr rosafarbenes Fruchtfleisch zum Gären und Verrotten bringt, vollzieht sich in den Samen eine chemische Reaktion. Dabei entwickelt sich das milde, unnachahmliche Kakaoaroma. Wer diese Fermentations-Wirkung nutzen will, schlägt die reifen Früchte mit Macheten vom Baum und befördert den Verrottungs-Prozess, indem er sie in feuchter Erde der Gärung überlässt. Nach fünf bis sieben Tagen werden die vermoder-

ten Hüllen abgepellt, die Samen gewaschen und in der Sonne getrocknet. Weltweit hat sich auch im 21. Jahrhundert in den Anbauländern an diesem Ernte-Verfahren kaum etwas geändert!
Als das Reich der mysteriösen Maya-Hochkultur mit gigantischen Pyramiden, Himmels-Observatorien, Ficusrindebuch-Bibliotheken und der in Hieroglyphen verborgenen Weltuntergangs-Prophezeiung verschwand, folgten ihm um 1200 n. Chr. die Azteken. Deren Hauptstadt Tenochtitlán (samt Nachbarstadt Tlatelolco) zählte zu Beginn des 16. Jahrhunderts rund 200 000 Einwohner. Bei diesem Volk, das tonnenweise Gold unterjochter Stämme hortete und Gefangenen auf den Altären der Götter bei lebendigem Leibe die Herzen herausriss, standen die geheimnisvollen Sonnenbohnen in höchster Gunst. Sie schlürften Schokolade nicht nur als Mahlzeit, sondern erhoben die Kakaosamen unter dem Namen „cacahuatl" in den Rang von Münzen. Ein Truthahn kostete 200, ein Hase 100 und ein in Maisblätter gewickelter Fisch drei Kakaobohnen. 25 000 Zentner Kakaobohnen soll Azteken-Herrscher Moctezuma II. (um 1465–1520) als Staatsschatz angehäuft haben. Der Schokoladengenuss war vor allem dem Königshaus und dem Adel, hohen Würdenträgern, Fernhandelskaufleuten und Kriegern vorbehalten. Den „cacahuatl" verwandelten sie in einen auf Steinreiben zerkleinerten, mit Vanille, wildem Honig, Agavensaft, Chilipulver, Cayennepfeffer und kaltem Wasser vermixten „xocolatl" („xococ" heißt bitter, „atl" Wasser; später Kakaowasser).

Aztekenherrscher Moctezuma empfängt Hernando Cortés 1519 wie einen auf die Erde zurückgekehrten Gott.

Da der weder entölte noch raffinierte Kakaogrieß sich im Wasser rasch als krümeliger Schlamm absetzte, brachten ihn Diener bis zum Servieren im Trinkgefäß ständig per Holzquirl zum Schweben. Als erster Europäer machte wohl der berühmte italienische Seefahrer Christoph Kolumbus (1451–1506) auf seiner vierten Reise anno 1502 in Guanaja Bekanntschaft mit dem Kakao. Der Admiral beobachtete damals, wie Eingeborene sich blitzschnell bückten, wenn auch nur eines der seltsamen Samengebilde beim Umladen auf den Boden purzelte, und notierte verwundert: „Mandeln, welche Kakao heißen und in Neu-Spanien als Münzen gelten." Selbst probiert hat der große Entdecker die Schokolade vermutlich nie!
Keine 20 Jahre vergingen. Da wurde das „Xocolatl-Paradies" Opfer spanischer Eroberer unter Hernando Cortés (1485–1547). Völker verschwanden in

Kriegsschiffe der spanischen Eroberer Mittelamerikas brachten die ersten Kakaobohnen nach Europa.

einem gewaltigen Blutbad von Kriegen. Krankheiten wie die Pocken, von den Europäern eingeschleppt, rafften zudem Tausende hinweg. Selbst Herrscher Moctezuma II. mit seiner gewaltigen Federkrone, der Cortés für den auf die Erde zurückgekehrten Gott Quetzalcoatl hielt, gemahlenen Kakao ständig in goldenen Dosen bei sich führte und sein „xocolatl" alle Stunden aus puren Goldpokalen trank, setzte man gefangen und erdolchte ihn später.

In dieser grausamen Zeit lernten die Spanier, die den mexikanischen Speisen zuerst ablehnend gegenüberstanden, Schokolade lieben. Denn je mehr sie mit einheimischen Frauen Familien gründeten, vermischten sich auch die Essgewohnheiten. Kakaopaste, die man mit Wasser in einer Kürbisflasche schaumig schüttelte, erquickte wunderbar, verlieh Stärke und Kraft. Cortés schätzte besonders die aufputschende Wirkung des Getränkes. Aus dem Zungenbrecher „xocolatl" wurde zu jener Zeit die „chocolate". Zur Verfeinerung ihrer Schokolade importierten die Konquistadoren aus der Heimat Anis, Zimt, Mandeln. Vor allem aber Haselnüsse, die zusammen mit Rohrzucker und Kakao himmlisch schmeckten – die 500 Jahre alten Ursprünge der Nuss-Nougat-Kreation!

Weißes Gold für das fürstliche Modegetränk

Friedrich August I., der Starke, ließ als Barock-Gourmet wertvolles Schokoladen-Porzellan herstellen. Gemälde von Louis de Silvestre (1675 – 1760)

Ihre Durchlaucht Christiane Eberhardine Kurfürstin von Sachsen (1671–1727) begann den Tag mit einem Tässchen Schokolade im Himmelbett. Das Frühstückstablett war noch nicht erfunden – halb liegend musste die Dame von Hochadel jene von Kammerzofen und Silberpagen gereichte Tasse balancieren, was ihren Genuss trübte. Denn es war nicht nur schade um die Bettwäsche aus Seide und Damast, das Getränk war einfach zu köstlich! Und so wurde die Trembleuse-Tasse – die Zittertasse für Kakao – erfunden. Eine kunstvoll durchbrochene Porzellanmanschette, mit der Untertasse fest verbunden, verhinderte das Malheur des Kleckerns. Sachsens Kurfürst und Polens König Friedrich August I. (1670–1733), einer der größten Genussmenschen seiner Zeit, den die Welt nur August der Starke nannte, konnte seiner Ehefrau solche Trembleusen in der ganz privaten Manufaktur anfertigen lassen.

Denn dem sächsischen Sonnenkönig, welcher sich Mätressen hielt, Dresden im barocken Stil zur Residenz von Rang und zu einer der schönsten Städte Europas umgestaltete, Schätze für sein Grünes Gewölbe in Auftrag gab, gelang nach missglückter alchemistischer Goldgewinnung die Erfindung des europäischen Porzellans. Seit 1710 glühten auf der streng bewachten Albrechtsburg hoch über der Elbe in Meißen die Öfen. Hier hüteten Augusts Arkanisten das Geheimnis der Porzellanherstellung, zauberten Modelleure, Bossierer, Brenner, Glasierer und Scharen von Malern das Weiße Gold. Immer öfter wurden auch Schoko-Koppchen mit und ohne Unterschale, Schokoladenbecher und -tassen mit einem oder zwei Henkeln bestellt. Befreundete Herrscher wie König Vittorio Amadeo II. von Sardinien (1666–1732), Kurfürst Clemens August von Köln (1700–1761) oder Elisabeth Farnese, Königin von Spanien (1692–1766) erhielten zwischen 1725 und 1737 komplette Tee-, Kaffee- und Schokoladenservice mit den gekreuzten blauen Schwertern aus der Manufaktur Meissen® geschenkt. Häufig verzierte man die Kannen für das neue Modegetränk mit indianischen Motiven oder Handelsschiffen. Denn das Geschirr sollte dem Benutzer während des Genusses die Geschichte des exotischen Durstlöschers erzählen. Natürlich märchenhaft geschönt, nicht die blutige, vielleicht gar den Appetit verderbende Wahrheit!

Nach der Eroberung Mittelamerikas hatten Mön-

Schokoladenkanne aus Meissener Porzellan® um 1730. Sie ist mit exotisch gemalten Azteken verziert, die nach den Vorstellungen der Europäer den kostbaren Trunk hingebungsvoll mixen.

Weltberühmt: „Das Schokoladenmädchen" in der Galerie Alte Meister Dresden. Jean-Étienne Liotard schuf es 1744.

che die ersten Bohnen mit in die alte Welt gebracht. Papst Pius V. (1504–1572) und Kardinal Francesco Maria Brancaccio (1592–1675) ebneten den Weg für die Schokolade als Fastengetränk. Lange blieb sie ein spanisches, ein katholisches Getränk. Erst im 17. Jahrhundert wurde Kakao als Kolonialware über Italien, England und Holland auch in Deutschland bekannt. Schokolade war noch Luxusgut, an dem wahrlich Blut klebte. Durch den mit riesigen Flotten von Handelsschiffen betriebenen Dreieckshandel zwischen Europa, Afrika und Amerika: Europa lieferte Textilien und Eisenwaren nach Afrika. Von dort transportierte man mit Brenneisen gezeichnete Sklaven als Ware nach Amerika. Auf den Windjammern waren bis zu 600 Menschen zusammengepfercht. Nachts schliefen die Afrikaner, die Männer wurden extra angekettet, in überfüllten, überhitzten Räumen unter Deck. Tagsüber mussten sie auf Deck tanzen, putzen, Mädchen und Frauen wurden missbraucht. Nur drei Viertel überlebten Mangelernährung, Krankheiten, Traumata und alle Strapazen der Atlantiküberquerung, die je nach Route und Windstärke ein bis drei Monate dauerte. In Amerika verkaufte man die Sklaven auf Auktionen und belud die Segelschiffe Richtung Europa mit Kolonialwaren wie Zucker, Baumwolle, Kaffee, Tabak oder eben Kakao.

Den spektakulär neuen Kakao aus Übersee gab's anfänglich als Medizin in Apotheken. Ab 1653 bot ihn die Dresdner Hofapotheke an und ab 1669 wurde er auch in Leipzig gehandelt – als Mittel gegen Gastritis, Fieber, Rachitis und als „Barock-Viagra"! Enthusiastisch beschrieb Medikus Johann Christoph Ettner im Jahre 1694 die sexuell stimulierende Wirkung bei Männern: Schokolade gebe „Venus-Rittern … gute Krafft." Und Theodor Zwinger verrät 1744 in der legendären Kräuter-Bibel „Theatrum Botanicum": Schokolade „reitzet sie zur Geilheit und Liebeslust, dannenher die übelversorgten Weibsbilder solchen Tranck ihren Ehemännern offt nicht ohne erwünschten Liebesnachtrunck zurüsten." Die wegen des Transportaufwandes und hoher Zölle teure Rarität blieb lange Zeit Getränk und Statussymbol der heimischen Aristokratie und vornehmer Reisender. Damit das Volk nicht zu neidisch wurde, warnte der „Dresdner Anzeiger" 1772 vor übermäßigem Genuss und den bedenklichen Eigenschaften: Gefährlich sei der Gebrauch, weil er wegen des hohen Anteils an Gewürzen den Körper stark erhitze …

Zur europäischen Schoko-Fan-Gemeinde gehörten neben August dem Starken z. B. Friedrich II. von Preußen (1712–1786) oder der französische

Dichter-Freund des Alten Fritz, Voltaire (1694–1778). Große Liebhaber waren auch Johann Wolfgang von Goethe (1749–1832) und Friedrich von Schiller (1759–1805). Letzterer setzte der Schokolade sogar im Drama „Die Verschwörung des Fiesco zu Genua" ein Denkmal. Doch in Sachsen nahm die Kakao-Lust exorbitante Züge an. Augusts Sohn, Kurfürst Friedrich August II. (1696–1763), verlieh nicht nur einer Vielzahl von Zuckerbäckern das Privileg, Schokolade herzustellen. 1745 ließ er in Venedig das damals weltschönste Pastell „Das Schokoladenmädchen" des Schweizers Jean-Étienne Liotard (1702–1789) für die berühmte Dresdner Gemälde-Sammlung kaufen. Seinem mächtigen Premierminister und luxussüchtigen Lebemann Heinrich Graf von Brühl (1700–1763) empfahl er, Schokolade per Kurier in Wien und Rom einzukaufen. Mit dem Meissener® Schwanenservice (über 2200 Teile, einzigartiger plastischer Reliefschmuck) ließ Brühl in den Jahren 1737 bis 1742 nicht nur das umfangreichste und kostbarste Tafelservice aller Zeiten schaffen, sondern gönnte sich wohl auch die größte Zahl von Schokoladengeschirr in einem einzigen Service. Erst nach Brühls Tod entdeckten Nachlassverwalter sein Vorrats-Gewölbe mit hunderten Pfund Schokolade. Die ersten öffentlichen Schokoladenstuben entstanden in Venedig, London und Amsterdam. 1673 bot der Niederländer Jan Jantz von Huesden in Bremen den Trank an. Seit 1711 – mit Unterbrechungen bis heute – wird im „Arabischen Coffee Baum" zu Leipzig Schokolade ausgeschenkt. Schon früher existierten in Dresden solche Kaffeehäuser, die Ware aus Italien bezogen. Doch auch italienische Händler selbst boten sie in ihren Dresdner Niederlassungen an. Am Elbufer ist 1665 sogar ein „Choccoladen-Häußgen" erwähnt. Noch war der Anteil von Kakao gegenüber anderen Kolonialwaren wie Kaffee, Tee und Tabak gering. Das Kurfürstentum Sachsen importierte im Jahre 1764 nur 2307 Pfund Schokolade für Getränke, aber 815 331 Pfund Kaffee. So blieb den Untertanen der Begriff „Schokoladensachse" erspart. Auch Preise sind bekannt: In „Richters Caffee Haus" (Leipzig) kostete 1779 eine Tasse Schokolade mit Zwieback drei Groschen. Für das Pfund Caracas-Kakao wurden zwischen 1785 und 1808 auf den Leipziger Messen 6,5 bis 11 Groschen verlangt.

Das Getränk servierte man meist mit einem Glas kalten Wassers. Schokolade wurde nebst Zucker, Vanille, Macis oder Zimt in heißem Wasser, Bier oder Wein aufgebrüht. 1752 deutet das „Allerneueste Pariser Koch-Buch" erstmals den revolutionären Trend an, der die Milchkuh ins Spiel brachte: „Man kann die Chocolat mit Milch anmachen, wenn man will. Man nimmt dann so viel Milch dazu als man sonst Wasser nimmt." Als Erfinder dieses Milchschokoladengetränks gilt allerdings ein englischer Arzt, der sein Rezept 1727 an den Londoner Apotheker Nicholas Sanders verkaufte.

Trembleuse oder Zittertasse aus Meissener Porzellan® mit gelbem Drachen-Motiv für Schokolade

Sensationsfund – die Milchschokolade ist eine Sächsin!

Miranda Benner rekonstruierte die ein Pfund schwere und aus 24 Täfelchen bestehende Ur-Milchschokolade 2011 im Rahmen einer wissenschaftlichen Arbeit.

Diese rührselige Geschichte einer Weltpremiere klingt fast so schön wie die Story um den sagenhaften Freiheitskämpfer William Tell, nach dem ein Apfel aus Schokoladenstückchen benannt ist: Der Schweizer Kerzenfabrikant Daniel Peter (1836–1919) experimentierte mit seinem Freund Henry Nestlé (1814–1890) in Vevey jahrelang vergeblich an einem Rezept für feste essbare und industriell fertigbare Schokolade. Nachbarn belächelten und verspotteten ihn bereits. Doch der mit unerschütterlicher Beharrlichkeit gewappnete Mann gab nicht auf. Und so soll er im Jahre 1875 endlich die essbare Milchschokolade aus Kakao, Zucker und Kondensmilch erfunden haben. Am 17. Oktober 1920 publizierte die renommierte „New York Times" die Lebensgeschichte des Daniel Düsentrieb aus der Alpen-Republik. Seitdem gilt die Schweiz in Lexika und Firmenchroniken als das Ursprungsland der Milchschokolade und Daniel Peter als ihr Erfinder. Da Schokolade heute mit fester Milchschokolade gleichgesetzt wird (und nicht mit Trinkschokolade wie einst) wird Peter teilweise sogar als Urheber der Schokolade im Allgemeinen bezeichnet.

Doch die Wahrheit ist das nicht. Sie versteckte sich lange in vergilbten, vom Staub der Jahrhunderte gezeichneten Bänden des „Dresdner Anzeigers". Dieses unscheinbare, fast vergessene Intelligenzblatt (es fusionierte 1943 mit den „Dresdner Neuesten Nachrichten") gründeten Behörden 1730 als Publikationsorgan. Und ausgerechnet im Jahrgang 1839 dieser Zeitung stieß man im Dresdner Stadtarchiv auf eine sensationelle Anzeige. In den Ausgaben vom 23. und 24. Mai 1839 fand sich diese, etwas umständlich formulierte, Mitteilung der

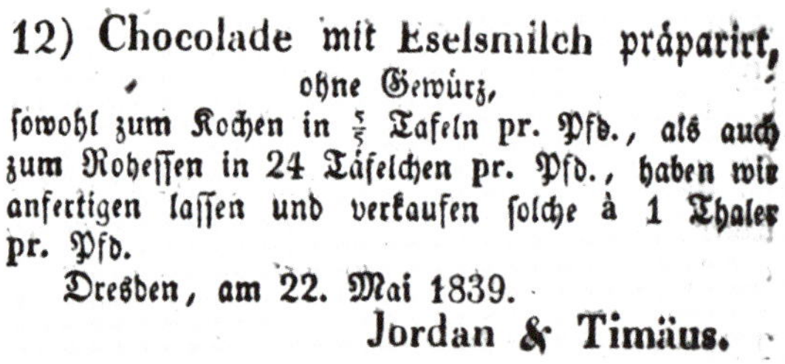

12) Chocolade mit Eselsmilch präparirt,
ohne Gewürz,
sowohl zum Kochen in $\frac{5}{5}$ Tafeln pr. Pfd., als auch zum Rohessen in 24 Täfelchen pr. Pfd., haben wir anfertigen lassen und verkaufen solche à 1 Thaler pr. Pfd.
Dresden, am 22. Mai 1839.
Jordan & Timäus.

Der weltweit erste Beleg für industriell hergestellte Milchschokolade zum Verzehr: die Anzeige der Firma „Jordan & Timäus" im „Dresdner Anzeiger" vom 23. Mai 1839

Firma „Jordan & Timäus“: „Chocolade mit Eselsmilch präpariert, ohne Gewürz, sowohl zum Kochen in $^{5}/_{5}$ Tafeln pr. Pfd., als auch zum Rohessen in 24 Täfelchen pr. Pfd., haben wir anfertigen lassen und verkaufen solche à 1 Thaler pr. Pfd. Dresden, am 22. Mai 1839. Jordan & Timäus.“

Sensationell: 36 Jahre vor den Schweizern, denen die Erfindung der Milchschokolade immer zugeschrieben wurde, hat man in Dresden die erste feste Milchschokolade hergestellt. Und solange weltweit niemand eine vor dem 22. Mai 1839 ausgestellte Urkunde vorweisen kann, ist die Milchschokolade somit eine deutsche Erfindung, eine Sächsin! 2011 wurde diese Ur-Schokolade von Studentin Miranda Benner (geb. 1986) aus Dresden sogar als Bachelor-Arbeit rekonstruiert! Allerdings mit Kuhmilch, denn Eselsmilch konnte das Institut für Lebensmittel und Bioverfahrenstechnik der Technischen Universität nicht auftreiben. Heraus kam eine Rezeptur mit folgenden Ingredienzien: 60 Prozent Kakaokernbruch, 30 Prozent Zucker und zehn Prozent gesüßte, eingedickte Kondensmilch mit 7,5 Prozent Fettanteil. Der Herstellungsweg ist kompliziert, erfolgt teilweise unter Wärmezufuhr per Stößel im Mörser. Zudem wird die gießfertige Masse in den Formen nach einem festen Reglement gekühlt. Die dem Original nachempfundene Schokolade hat noch nicht den zarten Schmelz und eine etwas gröbere Struktur als die moderne – denn die Maschinen der ersten Hälfte des 19. Jahrhunderts konnten Kakao nicht so fein wie mit heutiger Technik mahlen (unter 30 Mikrometer). Wer ein Stück der Ur-Schokolade testen durfte, hatte jedoch das einzigartige Aroma-Erlebnis, welches den 172 Jahre früher lebenden Ahnen vergönnt war.

Schokoladen-Ateliers Maison Masson in Frankreich. Sie ähnelten dem Betrieb von „Jordan & Timäus“ in Dresden. Immer mehr Maschinen lösten die schwere Handarbeit ab.

Den Lokalpatrioten wunderte es kaum, dass gerade Dresden bei dieser wichtigen Erfindung die Nase vorn hatte. Bot die Stadt an der Elbe doch allemal einen guten Nährboden: 1767 erteilte man dem italienischen Kaufmann Giovanni Andrea Puricelli das Privileg zur Herstellung von Trinkschokolade. Neben verschiedenen Konditoren, die Schokoladenproduktion als Nebengeschäft betrieben, gab es um 1830 in Dresden und Leipzig bereits diverse „Fabriken“ der Branche. Der in Mode gekommene Name täuschte darüber hinweg, dass nach wie vor Manufaktur-Betrieb, also Handarbeit, vorherrschte. Aus diesen kamen Schokoladentafeln, -rollen und -kugeln, welche die Heißgetränkeherstellung zu Hause enorm vereinfachten. Vereinzelt übernahm man aus Frankreich stammende Anregungen, wo in den 1830er-Jahren erstmals Kakaobutter, Kakaomasse und Zucker zu einer festen Essschokolade vermischt wurden.

Aus dem Zweigwerk in Bodenbach (heute Děčín/Tschechien) wurden Schokoladen-Spezialitäten und Pralinen von „Jordan & Timaeus" um 1900 in alle Welt verschickt.

Anno 1823 gründeten auch der aus Hasserode im Harz stammende Kaufmann Gottfried Heinrich Christoph Jordan (1791–1860) und sein von Hannover nach Dresden zugewanderter Teilhaber August Friedrich Christian Timaeus (1794–1875) die Zichorienfabrik „Jordan & Timaeus". Begonnen wurde mit Kartoffelmehl, Teigwaren und Kaffee-Ersatzprodukten: Runkelrüben-, Möhren-, Eichel- und Zichorienkaffee. 1828 schafften beide eine erste Dampfmaschine – die dritte in der Haupt- und Residenzstadt – mit 8 PS aus Lüttich an. Sie ersetzte das kräftezehrende Zermahlen der Kakaobohnen von Hand. Um auf die moderne Maschine hinzuweisen, hieß ihre Trinkschokolade sogleich „Dampfchocolade". Sie hatten offensichtlich die erste wirkliche Fabrik mit hohen Hygienestandards und legten im Gegensatz zur Konkurrenz Wert auf „besonders saubere Produktion". Mit ihrer Milchschokolade aus dem Jahre 1839 schufen sie eine in Schmelz und Geschmack bislang unerreichte Qualität. Und revolutionierten gleichzeitig den Verarbeitungsprozess. Bislang wurde Masse in Formen gepresst. Flüssige Schokoladenmasse war durch Milch jedoch gießfähig. Dies gestaltete die weitere Verarbeitung effektiver und preiswerter. Doch Jordan und Timaeus gingen ein nicht unbedeutendes unternehmerisches Risiko ein. Kannte der Verbraucher doch Schokolade zum Naschen überhaupt noch nicht. So war immense Werbung nötig, den neuen Genuss zu erklären, bislang nicht vorhandene Bedürfnisse zu wecken.

Das Risiko lohnte sich. 1850 arbeiteten schon 200 Angestellte in der Fabrik. Vier Jahre später wurde für den österreichischen Markt ein Zweigwerk im böhmischen Bodenbach (heute Děčín/Tschechien) errichtet. Ganz Europa belieferte man. Sachsens König und Österreich-Ungarns Kaiser ernannten die tüchtigen Geschäftsleute zu Hoflieferanten. Selbst auf Kontinente, wo der Kakao herkam, exportierten „Jordan & Timaeus" ihre feinen Süßwaren. Erst aufgrund von Preisdruck, Weltwirtschaftskrise und erstarkender Konkurrenz verkaufte die zweite Generation der Söhne und Neffen 1921 die Firma, welche man samt Traditionsmarke 1936 auflöste.

Als Elbflorenz Deutschlands zuckersüßes Herz war

Es duftete nur wenig nach Schokolade, Bittermandel, Rosenwasser, Nelken oder Vanille, dafür umso mehr nach Leder, Messing und Maschinenöl. Irgendwo im ohrenbetäubenden Lärm stand die Dampfmaschine und über Wellen an der Decke flogen gewaltige Transmissionsriemen. Walzenstühle pressten Kakaomasse zu einer hauchdünnen Schicht. Frauen wirbelten mit ihren rot verwaschenen Händen in Bottichen mit heißem Wasser, auf dem Schokolade schwamm, spülten Gusseisenformen aus. Andere trockneten diese hektisch mit Leinenlappen, puderten sie ein. Schweißverschmierte Männer mit Schokoladenspänen in den Haaren standen an den Einwickelmaschinen. Sie bugsierten die Tafeln aus großen Holzwagen in Mulden. Diese verschwanden wie von Geisterhand im Bauch der Maschinen, wurden gedreht, umhüllt. Und nach Sekunden als fertig verpackte Schokoladentafeln von den seelenlosen Monstern wieder ausgespuckt.

Dresden war spätestens um das Jahr 1900 die Schokoladen-Hauptstadt Deutschlands, ja vielleicht sogar das Praliné-Paradies Europas, geworden. Einige kleine Zuckersiedereien und Konditoreien mit ihren Bäckern, Konditoren, Lebküchlern, Schokoladenmachern und Bonbonkochern in der Königlichen Residenzstadt an der Elbe entfalteten sich zu gigantischen Schokoladenfabriken mit bis zu 1200 Industrie-Arbeitern. Doch warum entwickelte sich gerade Elbflorenz zum zuckersüßen Herzen des Deutschen Reiches?
Vieles fügte sich hier zu einem harmonischen Ganzen: Die Wirtschaftspolitik der Herrscher aus dem Hause Wettin, fallende Zollschranken, der sprichwörtliche Erfindungsreichtum der Sachsen, die Hebung des Fremdenverkehrs, die Kreativität der Bäcker, die das Königreich zum Kuchen- und Schokoladenland machten.
Der Aufschwung begann mit heulenden Dampfpfeifen, die ab 1839 von Eisenbahnloks und ab 1840 auch vom ersten Elb-Boot mit Niederdruck-Dampfmaschine und geringem Tiefgang, „Prinz Albert", zu hören waren. Bahnen und Schiffe brachten Kakao und Rohrzucker preiswert nach Dresden.

„Rüger"-Dose für die beliebten Sahne-Caramels

Historische Metallform der Firma Anton Reiche für eine große weihnachtliche Schokoladenhohlfigur

Ab 1817 baute Heinrich Conrad Wilhelm Calberla (1774–1836) die erste sächsische Zuckersiederei. Sie stand am Elbufer nahe der heutigen Semperoper und verarbeitete 8000 Tonnen Rohzucker pro Jahr – von Hamburg per Kahn auf dem Fluss transportiert! Doch der große Aufschwung kam erst, nachdem man um 1850 Rübenzucker im industriellen Maßstab herzustellen begann, sich selbst ärmere Schichten der Bevölkerung den Luxus der Zuckerwaren leisten konnten. Und diese stürmten vom 19. zum 20. Jahrhundert an sechs Tagen in der Woche jeweils 11 1/2 Stunden. Für den Tageslohn (15 bis 20 Pfennige pro Stunde) konnten sie sich gerade ein Fünfpfundbrot kaufen. Lukrative Geschäfte machten die Fabrikanten auch mit Heer und Marine, wo die Generalität Kakaoprodukte als Energiespender für die Soldaten befahl.
Ebenso hat die Schokoladengroßproduktion diverse Spezialmaschinen-Hersteller beflügelt, welche sich in Dresden gründeten und die Branche

Kunstvoll gestaltete Bonbonniere der bekannten Dresdner Marke „Hartwig & Vogel"

damals auf Suche nach Arbeit in Scharen vom Land in die Städte. Allein in den Jahren 1831 bis 1900 stieg die Zahl der Dresdner von 63 865 Bürgern auf sagenhafte 396 146. Der Preis dieser Freiheit: heftige Konkurrenz, niedrige Löhne! Frauen in Schokoladenfabriken arbeiteten um die Wende mit Innovationen revolutionierten. Johann Martin Lehmann (1802–1869) beispielsweise fing 1834 mit einer Maschinenwerkstatt an, die sich rasch zur Fabrik entwickelte. Er lieferte die ersten Walzenreibemaschinen – Garant für eine viel höhere Qualität der Schokolade. Um 1840 brachte er ein Granitwalzwerk auf den Markt, 1850 die Kakaoentölungspresse mit hydraulischen Handpumpen. Sein Sohn Louis Bernhard Lehmann (1851–1920) erfand die viel schneller und sicherer arbeitenden Stahlwalzen, 1898 sogar die erste deutsche Längsreibemaschine. Mit dieser verbesserten sich Geschmack und Feinheit der Schokolade nochmals enorm. Um 1900 beschäftigten die Lehmann-Werke schon 600 Arbeiter und mussten wegen Platznot den Betrieb 1910 ins benachbarte Heidenau verlagern. Nach dem Tod von Gründer-Enkel Franz Bernhard Lehmann (1877–1949) ging das Unternehmen kurzzeitig an eine Schweizer Holding, arbeitete zu DDR-Zeiten als NAGEMA und wird heute mit neuen Eigentümern unter anderem Namen weitergeführt. Zu den Produzenten von Schokoladenmaschinen kamen jene für Verpackungsmaschinen hinzu, die sich im Elbtal-Kessel ansiedelten.

Außergewöhnlich inspiriert wurde die Schokoladen-Branche durch den ehrgeizigen Klempner Friedrich Anton Reiche (1845–1913) aus Wilsdruff bei Meißen. Seine 1870 in Dresden gegründete Firma entfaltete sich zum weltgrößten Werk für Schokoladenformen, das rund um den Globus lieferte. Die prächtigen Musterbücher mit Formen für Schokoladenhohlfiguren aus dem Hause Reiche lassen noch heute Sammlerherzen zwischen Paris, Tokio und New York höherschlagen. Dazu kamen Biskuitformen, Marzipanformen, Backformen, Patentverschlüsse für Gläser, Blechdosen für Kakao, Tee oder Bonbons, Blechspielzeug sowie eine Vielzahl von Maschinen, Verkaufsautomaten (stumme Verkäufer) für Schokolade, Parfüm, Zigaretten, Kaffeebehälter. 1912 arbeiteten 1800 Mann für Reiche. Sie stellten mit ihren Werkzeugen allein 30 000 verschiedene Schokoladenformen her. Und hatten einen Wohltäter mit lückenloser Ahnenreihe bis zum Jahre 1495 als Chef, der Werkküche und Kindergarten, Ledigenwohnheim und Wohnhäuser für Angestellte finanzierte. Erst 1991 beendete der Betrieb, der zuletzt zum VEB Verpackungsmaschinenbau Dresden gehörte und 200 Formen für Schokolade produzierte, sein Wirken. Ein kleines Museum erinnert heute in Dresden an die große Tradition.

So malte ein Dresdner Jugendstil-Künstler die Ernte der Kakaofrüchte für den Prospekt der Firma „Iltz & Kludt".

Auf diesem einst so fruchtbaren Dresdner Boden schossen im 19. Jahrhundert Schokoladenfabriken wie Pilze aus dem Boden: Neben der bereits erwähnten von „Jordan & Timaeus" (gegründet 1823) mit der Marke „Jordtina" gehörte „Petzold & Aulhorn" (gegründet 1838) zu den ersten. Die von einem Leipziger und einem Dippoldiswalder gegründete „Waffel-, Succade-, Zuckerwaren- und Schokoladenfabrik" wurde mit ihren Vollmilch-, Nuss-, Mokka- und Sahneschokoladen durch Marken wie „Pea" und „Deutschmeister" legendär.

1858 gilt als Gründungsjahr der Firma von Otto Rüger (1831–1905), der 1895 den „Hansi-Jungen" mit weißer Mütze, weißem Pullover und Rucksack erfand. Rüger – ab 1881 gleich 16 Jahre Vorsitzender des 1877 in Leipzig ins Leben gerufenen „Verbandes deutscher Schokoladenfabrikanten" – setzte wie kein anderer vor ihm auf Werbung. Mit der Erfindung der Chrom-Lithografie nutzte er farbige Plakate, ließ in ganz Deutschland Blech- und Emailschilder an Hauswänden anbringen, die zum Kauf seiner Schokoladenprodukte lockten.

1870 nahm „Hartwig & Vogel" mit anfänglich 40 Arbeitern die Produktion auf und Friedrich Hartwigs Neffe Heinrich Vogel (1844–1911) verwirklichte die Vision, Schokolade zum Volksnahrungsmittel zu machen. Als Erster in Deutschland stellte er ein wirklich reines, entöltes, in Wasser lösliches Kakaopulver namens „cacao vero" (später „Tell"-Kakao) her. 1893 hatten seine Fabriken in Dresden und Bodenbach bereits 1200 Beschäftigte. Pro Jahr wurden damals bei „Hartwig & Vogel" zwei Millionen Pfund Kakao, drei Millionen Pfund Zucker sowie zwei Millionen Pfund andere Rohstoffe verarbeitet. Exportiert hat man die Leckereien – zu ihnen zählten der berühmte „Tell-Apfel", der beim Auspacken wie ein geschnittener Apfel auseinanderfiel (heute in Lizenz von der „Gubor Schokoladenfabrik GmbH" hergestellt), „Alabasterdragees", aber auch Gewürz- und Lebkuchen, Waffeln und Makronen, Marzipantorten, Weihnachts- und Osterartikel – bis nach Nord- und Südamerika sowie China.

Vor dem Ersten Weltkrieg wies die Dresdner Gewerbestatistik 26 Schokoladen- und Zuckerfabriken mit rund 4000 Beschäftigten auf. Nach einer anderen Quelle produzierten hier um 1920 über 170 Firmen der Schokoladen- und Süßwarenindustrie.

Es sei noch an weitere Dresdner Unternehmen erinnert: „Lobeck & Co." (gegründet 1838), „Vollmann, H., W. Hromadka's Erben" (gegründet 1876), „Cacao-Chocolade-Zuckerwaren-Fabrik" von Richard Selbmann (gegründet 1877), „Kakao-, Schokolade- und Zuckerwarenfabrik J. G. Kynast" (gegründet 1886), „Lippold" (gegründet 1887), „Riedel & Engelmann" (gegründet 1888, „Schwerter-Schokolade"), „Gerling & Rockstroh" (gegründet 1891, „Gero"), „Iltz & Kludt" (gegründet um 1895), „Gebrüder Hörmann" (gegründet 1895, Deutschlands größter Waffelproduzent), Schokoladenfabrik von Bruno Clauß (gegründet 1917), „Vadossi" (gegründet 1920), „Berger & Böhme" (gegründet 1937, „Berbö"), „Herbert Wendler KG" (gegründet 1937) vom Erfinder der „Dominostein"-Praline Herbert Wendler (1912–1998).

Perser-Happen & Tutti-Frutti – Köstliches von Vadossi®

Im Kontor von Karl Friedrich Lischka (1890–1949) vermischten sich an jenem Frühlingstag des Jahres 1928 die Gerüche von Pfeifenrauch und Kakaopulver, von Arrakessenz und dem Holz der Nussbaummöbel. Zufrieden saß er vor der Kiste, die auf der polierten Platte seines wuchtigen Schreibtisches stand. In der lagen, sorgsam auf Holzwolle gebettet, vier Schichten von Pralinen. Ganz vorsichtig nahm er eine heraus, schnupperte daran und plötzlich glänzten seine Augen. Vorsichtig biss er ein Stückchen ab. Mit geschlossenen Augen genoss er, wie die krümeligen Partikel über seine Zunge glitten, die Ananas-Creme im Mund zerging. Als er die nächste kostete, deren Schokolade grün gefärbten Zucker mit kleinen Fruchtstückchen umhüllte, fühlte er sich in einen arabischen Pistazienhain versetzt. „Genau wie aus 1000 und einer Nacht, wie im schönsten Märchen des Orients", lachte er zu seiner Frau, „so müssen Pralinen schmecken. Und wir verkaufen diese erlesenen Köstlichkeiten zu kleinen Preisen. Die Konkurrenz in Dresden wird neidisch sein!"

Am 1. Oktober 1920 hatte der Oberschlesier Lischka aus Matzkirch bei Oppeln (heute Maciowakrze in Polen) die Firma „Vadossi" als Backhaus gegründet. Den Namen entlehnte der leidenschaftliche Opern-Fan der Tenor-Partie des Malers Mario Cavaradossi aus „Tosca" von Giacomo Puccini. In gemieteten Räumen startete der Kaufmann an der Hofmühlenstraße 15 (Dresden-Plauen) die Gebäck-Produktion von „Wiener Dessert", „Mandelhörnchen", „Dresdner Hohlhippen", „Feinen Bissen", „Schokoladen-Mandel-Suchessa" und „Vadossi Aprikosentörtchen", wenig später auch von Tafelschokolade. Wurde anfangs fertige Kakaomasse bezogen, konnten dank guter Absatzlage schon bald weitere Maschinen angeschafft und im Frühjahr 1922 zu einer Fabrikation übergegangen werden, die von der rohen Kakaobohne bis zum vollendeten Produkt alles umfasste. Schnell konnten die Räume die wachsende Produktion nicht mehr fassen.

Friedrich Lischka war ein genialer Kaufmann und Verfechter unkonventioneller Marketing-Strategien.

Auf dem Radebeuler Gelände des ehemaligen Knopfproduzenten „W. Käfer & Co." entstand 1924 die berühmte Schokoladenfabrik.

1920 startete die Firma „Vadossi" mit dem neu gegründeten Dresdner Backhaus. Verpackung der „Frucht-Dessert-Schokolade" von „Vadossi"

So erwarb Lischka im Frühjahr 1924 an der Kötitzer Straße 29 in Kötzschenbroda (gehört seit 1935 als Ortsteil zu Radebeul) ein leer stehendes Fabrikgebäude mit viel Areal. Die alte Knopffabrik „W. Käfer & Co." ließ er für seine Zwecke komplett umbauen, mit modernsten Maschinen ausrüsten. Der Ort war vorzüglich gewählt. Hatte doch die idyllische Lößnitz zwischen Weinbergen und Elbe, in der Abenteuerschriftsteller Karl May (1844–1912) seinen Lebensabend verbrachte, als Hort der Konditorkunst einen ausgezeichneten Ruf. Bereits Anfang des 20. Jahrhunderts gründete hier J. M. Erich Weber (1885–1961) die internationale Konditorei-Fachschule. In seinem privaten Fachverlag erschienen mehrsprachige und prächtig illustrierte Standardwerke des Backens, der Marzipan- und Schokoladenveredelung, nach denen noch heute Konditor-Meister in ganz Europa arbeiten. Im Herbst 1924 wurde der Sitz der „Vadossi Kakao-, Schokoladen- und Marzipanfabrik" offiziell nach Kötzschenbroda verlegt, begann die Produktion mit 40 Personen. „Die Räume wachsen, es dehnt sich das Haus", war das Leitmotiv für die nächsten zehn Jahre.

1926 begann man mit der Herstellung von Pralinen. Und schon damals waren der Kreativität der Chocolatiers keine Grenzen gesetzt: „Linzer Kapsel-Dessert", „Burgunder-Würfel", „Arrak-Mandeln", „Sultankremetten", „Perser Happen", „Wiener Busserl", „Nizza-Würfel", „Creme Mandeln", „Ananas-Gelee-Spitzen", „Mulatten-Küsse" hießen die erlesenen Krönungen der Pralinenmacher. Dazu kamen die „Vadossi"-Fondants, Gelee-Früchte, das erfrischende „Tutti-Frutti", zig Sorten an Schokoladentafeln, Mandel-Nussbruch oder die beliebte „Vadossi"-Apfelsinen-Vollmilch-Borkenschokolade, „Weinbrand-Kirschen", „Orangenstäbchen", „Katzenzungen", Marzipan-Rollen bis hin zu „Russischem Konfekt". Heiß begehrt waren auch die in bis zu 24 Teile zerlegbaren, mit buntem Stanniolpapier umhüllten Figuren, Pokale, Kronen, Orden und Früchte aus hochfeiner Schmelzschokolade. Zu ihnen zählten „Vadossi-Froschkönig", „Vadossi-Teepuppe", „Vadossi-Römer" oder „Vadossi-Teekanne". Im Gegensatz zur Konkurrenz verkaufte Lischka seine Pralinen zunächst nicht in fein dekorierten Schachteln, sondern lose in Kisten zu mehreren Kilo direkt mittels eines ausgefeilten Systems reisender Handelsvertreter an die Süßwarenspezialgeschäfte. Damit umging er den Großhandel, dessen eingesparte Handelsspanne er sich mit dem Einzelhandel teilte. Dieses revolutionäre Marketing- und Vertriebssystem verschaffte ihm mit einem Schlag Geschäftsbeziehungen zu hunderten Händlern.

Alle Abteilungen vergrößerten sich schnell, da die Erzeugnisse in Anbetracht guter Qualität bei niedrigen Preisen glänzenden Absatz fanden. Jahr für Jahr erwei-

So edel wie die wohlschmeckenden Produkte wurden auch die Preislisten gestaltet.

terte man die Fabrikationsräume, um Platz für neue Maschinen und weitere Belegschaftsmitglieder zu schaffen. Die Jahresproduktion in den Flachbauten stieg bis auf 2700 Tonnen, wobei rund 500 Personen Erwerb fanden. Ein wohlorganisierter Verkaufsapparat sicherte den Absatz der 287 exzellenten Erzeugnisse bis nach Königsberg. Qualitätserzeugnisse von „Vadossi" waren den Spitzenfabrikaten der Branche rasch ebenbürtig. Um ständig Frische zu gewährleisten, belieferte man die mitteldeutsche Kundschaft sogar mit eigenen Lastwagen.

Als Rohkakao im Herbst 1934 kontingentiert wurde, fand die Aufwärtsentwicklung ein Ende. Mit Kriegsbeginn 1939 trafen Rohstoffzuteilungen nur noch sporadisch ein, mussten viele Arbeitskräfte in die Rüstungsindustrie gehen. Trotz aller Schwierigkeiten stellte die stark verminderte Belegschaft bis Kriegsende in begrenztem Umfang Süßwaren her. Etwa 1942 wurde ein von Baumeister Franz Jörissen (1895–1996) entworfener großer Fabrikbau (beherbergt heute u. a. ein Sportstudio) mit Archivkeller fertiggestellt. Für die hier geplanten Produktionsräume reichten die Mittel damals und in den folgenden Jahrzehnten jedoch nie aus. Deshalb dienten sie lediglich Lagerzwecken. 1942 eröffnete man die kriegswichtige Abteilung Süßstoffpresserei, 1944 kam eine Gemüsetrocknung hinzu. Den Mitbewerbern in Dresden erging es ähnlich. Sie litten zudem unter dem Inferno des 13./14. Februar 1945, bei dem weite Teile des Stadtgebietes in Schutt und Asche fielen, mindestens 25 000 Todesopfer zu betrauern waren. Die „Vadossi"-Gebäude in Radebeul hatten nur am letzten Kriegstag drei Einschläge zu beklagen, deren Schaden rasch beseitigt war. Alle Maschinen blieben unbeschädigt, wurden von den russischen Besatzern auch nicht demontiert.

Schon im Juni 1945 begannen 50 Beschäftigte die Produktion mit Milchkrem-, Fondant- und Krokanterzeugnissen sowie Toffees. Gründer Lischka starb im April 1949. Seine Frau erbte die Firma, welche von langjährigen Mitarbeitern wie Reinhold Prenzel (1894–1970) weitergeführt wurde und etwa 240 Männer und Frauen zählte. Man erhielt Produktionsauflagen von der Landesregierung und Aufträge von der Handelsorganisation HO. 1957 firmierte man als „Vadossi KG Schokoladen- und Zuckerwarenfabrik" mit staatlicher Beteiligung. Die DDR setzte dabei für ihren Kreditanteil einen staatlichen Vertreter ein, der zunehmend die

Schokoladenfabrik
Kötzschenbroda
bei Dresden

Dank hervorragender Umsätze wuchs die Firma bis 1934 von Jahr zu Jahr.
Eine Kakaofrucht zierte das „Vadossi"-Firmenlogo.

Anzeige zum 50. „Vadossi"-Gründungsjubiläum im Jahre 1970

Geschicke der Firma bestimmte, die bereits 500 Leute beschäftigte.

Durch verstärkten Einsatz von Maschinen reduzierte sich bis 1970 die Belegschaft der „Kakao-, Schokoladen- und Marzipanfabrik Vadossi K.-G." auf 360 Mitarbeiter, die u. a. auch in sechs „Sozialistischen Brigaden" organisiert waren. Diese feierten 1970 ihr 50-jähriges Gründungsjubiläum, stellten exakt 1100 Tonnen Kakaoprodukte und 1000 Tonnen Zuckerwaren (reduziert auf etwa je zehn Artikel) für 44,3 Millionen Ost-Mark her. Für die DDR-Kunden gab's im Jubiläumsjahr 140 000 Pralinenpackungen mit dem bekannten Bild des Schokoladenmädchens.

1972 erlitt das bekannte Unternehmen jenes Schicksal, das die SED-Diktatur im „Arbeiter- und Bauernstaat" DDR allen privaten Firmen zugedacht hatte: 100-prozentige Verstaatlichung! Neue Bezeichnung: „VEB Vadossi Radebeul". Die Eigenständigkeit des Betriebes ging verloren, als man 1982 „Vadossi" als Werk 2 dem „VEB Dresdner Süßwarenfabriken Elbflorenz" angliederte. Letzterer war aus der 1946 zwangsenteigneten Schokoladenfabrik „Hartwig & Vogel" und anderen Süßwaren-Herstellern wie „Gerling & Rockstroh", „Dr. med. Sperber Dresdner Schokoladen- und Süßwarenindustrie" sowie „Cacao-, Chokoladen- und Confituren-Fabrik Riedel & Engelmann" hervorgegangen. In der zentralistisch dirigierten DDR-Wirtschaft blieb auch „Elbflorenz" nicht selbstständig, sondern gehörte ab 1980 mit 24 anderen Unternehmen zum „VEB Süßwarenkombinat Delitzsch/Halle".

Mit buntem Stanniolpapier umhüllte Schokoladen-Gegenstände wie die „Vadossi"-Vase gehörten zu den Spezialitäten des Werkes. Der 2,10 Reichsmark teure Schokoladen-Vogel von „Vadossi" konnte in sieben Teile zerlegt werden.

Nudossi® – delikate Lösung eines DDR-Genussproblems

Seit 1968 lachte ein Junge von der Nuss-Nougat-Crème-Dose. Diese stammt etwa von 1975.

Acht Damen und Herren der „Vadossi K.-G.", die sich 1966 mit gewichtiger Miene im Versammlungsraum der Radebeuler Firma zusammensetzten, stand ihre Verantwortung für das Wohl von 16 Millionen Ostdeutschen auf der Stirn geschrieben. Seit acht Jahren gab es keine Lebensmittelkarten mehr und gerade hatte die DDR mit großem Brimborium in Rheinsberg das erste Atomkraftwerk angeschaltet. Jetzt, 21 Jahre nach dem Krieg, wollten die Menschen endlich etwas anderes als Zuckerrübensirup, Marmelade, Butter, Mett- oder Leberwurst aufs Frühstücksbrot. Was lag für den noch halb privaten Traditions-Betrieb näher, als eine Kakaocreme auf den Markt zu bringen?

Aus West-Paketen purzelten seit Monaten eigentümliche Gläser des Nougataufstrichs Nutella®. Diesen hatte Konditor Pietro Ferrero (1898–1949) aus Piemont in Italien 1940 erfunden und „Pasta gianduja" genannt. 1964 war er in Nutella® (englisches „nut" für Nuss und italienische Verkleinerungsform „ella") umbenannt worden. Nutella® wurde seit 1965 im Westen verkauft. „So was brauchen wir", seufzte die Runde. Ein Witzbold warf ein: „Schokolade, die schon am Morgen glücklich macht. Und das fünf Jahre nach dem Mauerbau!" Enthält Kakao doch Theobromin, das wie Koffein wach hält und munter macht. Dazu Endorphine und PEA-Verbindungen, die das zentrale Nervensystem stimulieren, für gute Laune, Gelassenheit, Euphorie sorgen.

Günter Dreßler (geb. 1930), der 1960 in der Absatzabteilung bei „Vadossi" anfing und es ohne SED-Parteibuch bis zum Kaufmännischen Leiter, dann sogar zum Direktor für Materialwirtschaft und Absatz brachte, erinnert sich: „1966 wurden Ideen für neue Erzeugnisse gesucht. Um beim Handel bestehen zu können, mussten wir Innovationen bringen. Und so gründete sich unter meiner Leitung ein Entwicklungskollektiv. Ihm gehörten die maßgeblichen Mitarbeiter des Betriebes und Außendienstmitarbeiter wie der umtriebige Heinz Hoffmann an."

Heinz Hoffmann (geb. 1922) war von 1956 bis zur Verstaatlichung 1972 freier Handelsvertreter bei „Vadossi". Als Exportkaufmann mit eigenem Unternehmen machte er aber auch Geschäfte mit der Bundesrepublik. Er weiß noch genau, wie das damals war: „1966 stellte ich dem Entwicklungskollektiv zwei aus dem Westen mitgebrachte Gläser Nutella® auf den Tisch und sagte: ‚Nun schlaft mal aus, bringt so was auf den Markt!' Die Produktionsleiter waren wegen der Mehrarbeit nicht sonderlich interessiert. Zwei Jahre habe ich sie immer wieder gedrängt, bis man den Brotaufstrich endlich fertig hatte."

Blätter, Blüten und Früchte des Haselstrauches, der bereits seit der Steinzeit in Europa nachweisbar ist

Zuerst wurde der Inhalt der Nutella®-Gläser genauestens im Labor analysiert, mit vorhandenen Rohstoffen wie Zucker, Kakaopulver, Milchpulver, Fett und Lecithin verglichen. Dreßler: „Wir trafen uns alle sechs bis acht Wochen, machten lange Versuchsreihen. Tausend Probleme, die so ein völlig neues Produkt mit sich bringt, waren zu lösen. Vom Namen bis zur Verpackung. Ich bin zum Beispiel durch die halbe DDR gefahren, bis ich einen Hersteller für die Becher fand. Der einzige Produzent in Markkleeberg hatte nur ein begrenztes Kontingent Plastikrohstoff. Also konnte er vorerst gar nicht viele Becher liefern." Groß auch die Probleme, eine Abfüllanlage zu bekommen: „Heute rennen dir Hersteller das Haus ein, präsentieren Hochglanz-Kataloge – für jeden Verwendungszweck kann man unter zahlreichen Anlagen wählen. Damals in der DDR gab es fast nichts. Letztlich besorgten wir eine Maschine, mit der eigentlich Honig abgefüllt werden sollte."

Die härteste Nuss aber blieb das Nudossi®-Rezept. Immer wieder legte der Produktionsleiter Proben vor, wurde im „Kollektiv" geschnuppert und gekostet, pulverisierte man Nüsse, probierte diese und jene Zutat, änderte Mischungsverhältnisse, jonglierte mit Kakao-Sorten und -Ernten. Dreßler: „Unser Produkt sollte anders als die Westcreme werden, wir wollten besser, schmackhafter und sogar gesünder sein!" Irgendwann war allen klar: Entscheidend ist nicht der Kakao, sondern der Anteil der Haselnüsse! Und so mixten sie von Treffen zu Treffen mehr von ihnen hinein – bis es schließlich 36 Prozent wurden!

Seit Menschengedenken werden dem Haselstrauch magische Kräfte nachgesagt. Der griechische Gott Hermes soll einen Stab aus seinem Holz in der Hand halten. Haselnüsse galten als Früchte des Himmels, als eine der 30 biblischen Gaben von Gott an Adam. Bei den Römern dienten Haselstrauchbündel als Weihrauch, bei den Arabern als Schutz vor dem Teufel. Wünschelrutengänger schwören bei der Suche nach Wasser und Goldadern bis heute auf Ruten dieses Strauches. Die Haselnuss ist die älteste Obst-Nussart. Im steinzeitlichen Europa war sie Hauptnahrungsmittel und fand unter allen Bäumen die weiteste Verbreitung. Man nennt diese entwicklungsgeschichtlich außerordentlich bedeutsame Epoche der Menschheit deshalb sogar „Haselzeit".

Kein Wunder, dass die Steinzeit-Menschen den Urgewalten der Natur trotzten: Haselnüsse lieferten ihnen nicht nur wertvolle Kalorien. Das Fett der Haselnuss besteht vor allem aus ungesättigten Fettsäuren, die auch als „gute Fette" bezeichnet werden. Sie sollen sogar helfen, das Herzinfarktrisiko zu vermindern. Ebenso sind Vitamin E, B-Vitamine wie Niacin enthalten. Dazu z. B. Magnesium, Phosphor, Kalium, Eisen und Calcium sowie Ballaststoffe.

Laut Deutscher Gesellschaft für Ernährung (DGE) ist es heute von Vorteil für die Gesundheit, täglich bis zu 25 g Nüsse zu essen.

Ende 1967 testeten Kindergärten und Schulklassen die köstliche Novität bereits außerhalb der Firma. Auch die Schüler von Dreßlers Frau, die Schul-Direktorin in Radebeul war. Resultat: Die Kreation war der Knaller, machte fast süchtig! Nun fehlte nur noch ein Werbe-Gesicht. Und das wurde Michael Golm (geb. 1956). Der Junge mit dem schelmischen Lächeln, der viele Jahre die Dosen zierte: „Als 12-jähriger Bub saß ich nach der Schule oft bei meiner Mutter im Friseursalon. Immer wieder kam die Ehefrau eines Fotografen vorbei und erzählte Mutter von der Kampagne." Eines Tages nahm sie ihn mit zum Fotoshooting. Michael Golm: „Eine Model-Gage oder Taschengeld gab es nicht. Lediglich eine Stulle mit Nudossi® war mein Lohn."

Mitte 1968 dann die süße Sternstunde der DDR: Nudossi® kam in den Verkauf! Der melodisch klingende, einprägsame Kunstname leitet sich aus den ersten beiden Buchstaben des Wortes „Nuss" und den letzten fünf des Firmennamens ab. „Vadossi" produzierte wegen Rohstoffengpässen und fehlenden Dosen im ersten Jahr jedoch kaum mehr als 100 Tonnen. 1970 stellte man 500 000 Becher her, 1971 eine Million, 1985 sechs Millionen!

Günter Dreßler: „Die Nüsse samt Schale beschaffte ein DDR-Außenhandelsunternehmen aus der Türkei. Wir haben sie in der Firma gebrochen, geröstet, gemahlen … Mit den Haselnüssen bürdeten wir dem DDR-Außenhandel jedoch ein Devisenproblem auf. Denn harte Währung war immer knapp."

Vielleicht wäre Nudossi® wie andere Produkte, für die es kaum Rohstoffe gab, sang- und klanglos gescheitert. Doch die Zeit war günstig. Die DDR versuchte seit Mitte der 60er-Jahre den Widerspruch zwischen ihren politisch gefeierten stabilen Preisen (durch diese wurden Nahrungsmittel teilweise unter dem Einkaufswert der Rohstoffe abgegeben) sowie der wachsenden Geldmenge und dem Bedürfnis nach Waren hoher Qualität im besser verdienenden Teil der Bevölkerung mit „Feinkost-Verkaufsstellen" zu lösen. Im April 1966 öffnete das erste Delikat-Geschäft in Berlin, das schnell den Spitznamen „Fress-Ex" bekam. In diesem gab es bisweilen sogar Luxusartikel wie Froschschenkel, Parmesan und Trüffel – und ab 1968 auch Nudossi®, der 200-Gramm-Becher für 3 Mark! Renner waren zudem Ananas- und Pfirsich-Konserven, die acht bis 14 DDR-Mark kosteten. Als Pendant zu den Intershops (DDR-Bürger konnten dort gegen

12-jährig wurde Michael Golm das Werbe-Gesicht von Nudossi®.

Auch nach 33 Jahren hält Michael Golm die Dose mit seinem Porträt stolz in der Hand.

Ein Stapel Nudossi®-Dosen bei der Hausmesse von „Vadossi" im Jahre 1970

Als Radebeul 1984 sein 635-jähriges Stadtjubiläum feierte, fuhr der geschmückte „Vadossi"-LKW mit den Produktionszahlen der Nuss-Nougat-Crème durch die Straßen.

DDR-Staatschef Erich Honecker verlieh „Elbflorenz"-Schichtleiter Dieter Berger am 7. Oktober 1987 für die Nudossi®-Erfolge einen Orden.

D-Mark Westartikel erwerben) gründete man 1976 das zentrale volkseigene Unternehmen Delikat, welches zu überteuerten Preisen (im Vergleich zum Westen drei- bis vierfach erhöht) für DDR-Mark Lebens- und Genussmittel vertrieb. Die Delikat-Feinkosthäuser boten im Gegensatz zu HO und Konsum westliche Importe, in Gestattungsproduktion im Lande hergestellte oder besonders hochwertige DDR-Erzeugnisse an. Sie kannten keine Selbstbedienung, hatten eine höhere Verkaufskultur, auf den Waren ließ man später auch den Preisaufdruck weg. Bereits 1982 gab es in der DDR etwa 550 solcher Delikat-Geschäfte, deren Zahl sich in den folgenden Jahren mehr als verdoppeln sollte.

„Von Anbeginn", so Günter Dreßler, „wurde Nudossi® bei Feinkost und Delikat verkauft. Deshalb bekamen wir die raren Rohstoffe zugeteilt. Trotzdem konnte bis zur Wende 1990 nie so viel produziert werden, wie der Handel verlangte." Tragisch! Den Nudossi®-Entwicklern ging Mitte der 1980er-Jahre ihr wichtigstes Erzeugnis verloren. Das Dresdner „Elbflorenz"-Werk übernahm die Produktion und auch bei den nun einsetzenden Ehrungen gingen die Radebeuler leer aus. Staatschef Erich Honecker (1912–1994) heftete z. B. am 7. Oktober 1987 „Elbflorenz"-Schichtleiter Dieter Berger (geb. 1940) den Orden „Held der Arbeit", der mit 10 000 DDR-Mark Prämie verknüpft war, an die Brust.

Rezepte

Erdbeer-Sahne-Torte

Zutaten für eine Torte

Biskuitboden (dunkel)

100 g Weizenmehl
120 g Zucker
100 g Nudossi®
40 g Kakaopulver
4 Eier

Biskuitboden (hell)

50 g Weizenmehl
60 g Zucker
2 Eier

Füllung

1 l Schlagsahne
100 ml Wasser
15 g Gelatine
200 g Zucker
500 g Erdbeeren (gefrostet u. aufgetaut oder frische)

Garnierung

150 g Nudossi®
30 g Kakao, stark entölt
150 g Kokosfett
250 g Erdbeeren (frische)

Biskuitböden

Nudossi® erwärmen (Wasserbad). Eiweiß und die Hälfte des Zuckers per Handmixer zu Eischnee verarbeiten. Zuckerrest mit Eigelb im warmen Wasserbad schaumig schlagen. Gesiebtes Mehl mit Kakaopulver unter die Eigelbmasse heben, danach den Eischnee.
Jetzt Nudossi® unterrühren. Die Masse in einer Springform (ca. 28 cm Durchmesser) 25 Minuten bei 180 Grad backen. Den hellen Boden auf gleiche Art, jedoch nur 15 Minuten backen!

Erdbeer-Sahne-Füllung

500 g Erdbeeren mit dem Zucker zu Brei pürieren. Gelatine in 100 ml kaltem Wasser einweichen und im Wasserbad erwärmen, bis sie vollständig aufgelöst ist. Schlagsahne steif schlagen. Erdbeerpüree mit Gelatine verrühren (muss handwarm bleiben) und unter die Sahne heben.

Torte

Dunkles Biskuitgebäck in zwei Scheiben teilen. Eine dunkle Scheibe und die helle mit Nudossi® (lauwarm) bestreichen. Auf den untersten, dunklen Boden $^{1}/_{4}$ Füllung geben. Mit heller Scheibe wiederholen. Dann dritte drauflegen. Diese und den Tortenrand gleichmäßig mit Sahne be- und glattstreichen. Mit restlicher Füllung per Spritzbeutel 16 Rosetten auf Torte garnieren. Für 30 Minuten in Kühlschrank stellen.

Garnierung

Kokosfett auflösen (Wasserbad), Nudossi® und Kakao unterrühren. Erdbeeren halbieren, halb in die Masse eintauchen. Den Rest für die Nougatplatte verwenden: die lauwarme Masse in einen kleinen Tortenring (ca. 14 cm Durchmesser) gießen. Diesen auf Silberpapier stellen (unbedingt waagerecht), im Kühlschrank erkalten lassen. Beste Seite nach oben auf Tortenmitte legen. Wichtige Hinweise zum Gelingen unter Festtags-Zopf!
Mit Erdbeeren dekorieren.

Mandarinen-Nougat-Torte

Zutaten für eine Torte

Biskuitboden (dunkel)

50 g	Weizenmehl
60 g	Zucker
25 g	Nudossi®
30 g	Kakao
2	Eier

Biskuitboden (hell)

80 g	Weizenmehl
120 g	Zucker
4	Eier
40 g	Haselnüsse (gemahlen)

Füllung

1 l	Schlagsahne
100 ml	Wasser
15 g	Gelatine
120 g	Zucker
175 g*	Mandarinenfilets
100 g	Nudossi®

Dekor

100 g	Nudossi®
20 g	Kakao, stark entölt
100 g	Kokosfett

1 kl. Dose Mandarinenfilets

*Abtropfgewicht (entspricht kleiner Dose)

Biskuitböden

Den hellen und dunklen Biskuitboden wie bei der Erdbeer-Sahne-Torte herstellen. Lediglich beim hellen Boden die gemahlenen Haselnüsse zusammen mit dem Mehl unterheben und diesen 30 bis 35 Minuten lang backen. Beim dunklen Boden genügen wegen der geringen Masse 10 bis 15 Minuten Backzeit.

Mandarinen-Nougat-Füllung

Mandarinenfilets abtropfen lassen und zusammen mit dem Zucker pürieren, leicht erwärmtes Nudossi® beimengen. Gelatine in 100 ml kaltem Wasser einweichen, zwei Minuten später erwärmen (Wasserbad), bis alles aufgelöst ist. Sahne steif schlagen, das Mandarinen-Nudossi®-Püree mit der erwärmten Gelatine vermengen. Anschließend die Sahne unter die Mandarinenmasse heben.

Torte

Den hellen Boden teilen und eine Scheibe mit $^1/_4$ der Füllung bestreichen. Danach den dunklen Boden auflegen und mit der Mandarinen-Sahne bestreichen. Die Prozedur mit der letzten Scheibe wiederholen sowie auch den Rand glatt streichen. Per Spritzbeutel mit dem Rest der Sahne 16 lange Dreiecke auf die Torte setzen und diese für mindestens eine Stunde in den Kühlschrank stellen.

Garnierung

Nach dem Erkalten der Torte werden die Dreiecke gefüllt. Dafür Kokosfett im Wasserbad erwärmen, Nudossi® und Kakao hinzugeben (wichtige Hinweise unter Festtags-Zopf). Die gerade noch flüssige Masse vorsichtig per kleiner Kelle in die Dreiecke träufeln. Zuletzt mit abgetropften Mandarinenstückchen garnieren.

Schwarzwälder Kirschtorte

Zutaten für eine Torte

Biskuitboden

150 g Weizenmehl
175 g Zucker
100 g Nudossi®
40 g Kakaopulver
6 Eier

Kirschfüllung

600-ml-Glas Sauerkirschen (entsteint)
50 ml Wasser
100 g Zucker
1 Prise Zimt
3 El Speisestärke

Sahnefüllung

1,25 l Schlagsahne
20 g Gelatine

Garnierung

16 Belegkirschen (oder kandierte)
16 Schokoblätter
50 g Schokospäne
100 g Haselnusskrokant
65 g Zucker
15 g Kirschwasser (Alkohol)

Biskuitböden

Nudossi® erwärmen (Wasserbad). Eiweiß und die Hälfte des Zuckers per Handmixer zu Eischnee verarbeiten. Zuckerrest mit Eigelb schaumig schlagen (warmes Wasserbad). Gesiebtes Mehl mit Kakaopulver unter die Eigelbmasse heben, dann den Eischnee. Jetzt Nudossi® unterrühren. Die Masse in einer gefetteten Springform (ca. 28 cm Durchmesser) 40 bis 45 Minuten bei 180 Grad backen.

Kirschfüllung

Sauerkirschen vom Saft trennen. Saft mit Zimt und Zucker aufkochen. Stärke mit etwas Wasser verquirlen und in den heißen Sud geben, schnell verrühren und kurz aufkochen. Nach Erkalten der Masse Kirschen hinzufügen.

Sahnefüllung

Gelatine 10 Minuten in kaltem Wasser einweichen. 1,15 l Schlagsahne steif schlagen. In der übrigen Schlagsahne die Gelatine auflösen (im warmen Wasserbad). In der Schlagsahne-Schüssel jetzt nach und nach Gelatine-Sahne unterheben.

Torte

Dreigeteilten Biskuitboden mit einer Mischung aus Zucker und Kirschwasser tränken. Kalte Kirschfüllung auf den unteren Boden streichen, darauf Sahneschicht (ca. 1 cm). Nächsten Boden mit etwa 1 cm Sahne bestreichen und auflegen. Darüber den letzten Boden mit Sahne bedecken und alles kunstvoll mit Schlagsahne aus dem Spritzbeutel, Haselnuss-Krokant, Schokospänen und kandierten Kirschen sowie Schokoblättern garnieren.

Fürstliche Sachertorte

Zutaten für eine Torte

Sacherboden

300 g Weizenmehl
300 g Butter
300 g Zucker
50 g Nudossi®
60 g Kakaopulver
50 g Kuvertüre (o. ½ Tafel Schokolade Zartbitter)
8 Eier

Füllung

30 g Butter
20 g Nudossi®
50 g Vanillepudding, fertig gekocht
100 g Aprikosenkonfitüre

Überzug

300 g Kalter-Hund-Brotaufstrich
200 g Kokosfett

*„Oma Hartmanns® Kalter Hund-Brotaufstrich" von „Vadossi®" – auch zum Selbermachen von Kaltem Hund!

Sacherboden

Butter und $^2/_3$ des Zuckers schaumig schlagen, Eigelb nach und nach hinzufügen. Im Wasserbad aufgelöste Kuvertüre und Nudossi® dazugeben. Eiweiß und Zuckerrest zu steifem Schnee schlagen und vorsichtig unter die Masse heben. Mehl und Kakaopulver sieben und unterfügen. In Torten-Springform (ca. 28 cm Durchmesser) bei 180 Grad ca. 60–70 Minuten backen, auskühlen lassen. Boden in zwei Scheiben teilen, das Kuchenoberteil gerade schneiden.

Füllung

Butter (weich) mit Pudding schaumig rühren und Nudossi® einarbeiten.

Torte

Auf die untere Kuchenscheibe die gesamte Nudossi®-Buttercreme streichen. Nächsten Boden draufsetzen. Diesen oben und die Seiten mit leicht erwärmter Aprikosenkonfitüre bestreichen.

Überzug

Kokosfett auflösen (Wasserbad), Kalter-Hund-Brotaufstrich hinzugeben. Alles handwarm über die Torte gießen, die rundherum gleichmäßig bedeckt sein muss (mit dem Messer korrigieren, Hinweise unter Festtags-Zopf). Im Kühlschrank erkalten lassen.

Nudossi®-Buttercreme-Torte

Zutaten für eine Torte

Biskuitboden (dunkel)
- 100 g Weizenmehl
- 120 g Zucker
- 50 g Nudossi®
- 60 g Kakaopulver
- 4 Eier

Biskuitboden (hell)
- 50 g Weizenmehl
- 60 g Zucker
- 2 Eier

Nudossi®-Buttercreme
- 400 g Butter
- 100 g Zucker
- 500 ml Milch
- 200 g Nudossi®
- 50 g Vanillepuddingpulver

Dekor
- 150 g Nudossi®
- 175 g Kokosfett
- 50 g Haselnusskrokant
- 3 Haselnüsse

Biskuitböden
Nudossi® erwärmen (Wasserbad). Eier trennen. Eiweiß und die Hälfte des Zuckers per Handmixer zu Eischnee verarbeiten. Zuckerrest mit Eigelb im warmen Wasserbad schaumig schlagen. Gesiebtes Mehl mit Kakaopulver unter die Eigelbmasse heben, danach den Eischnee. Jetzt Nudossi® unterrühren. Die Masse in großer Springform (ca. 28 cm Durchmesser) 30 bis 35 Minuten bei 180 Grad backen. Hellen Boden genauso, nur 15 Minuten backen!

Nudossi®-Buttercreme
Puddingpulver in 100 ml Milch verquirlen. Restliche Milch mit Zucker aufkochen und Puddingpulvermilch einrühren, nochmals aufkochen. Erkalteten Vanillepudding glatt rühren. Butter und Nudossi® schaumig rühren, Vanillepudding nach und nach hinzufügen.

Torte
Den erkalteten dunklen Boden in zwei Scheiben schneiden. Die untere mit 1/4 der Buttercreme bestreichen, den hellen Biskuitboden drauflegen. Wieder bestreichen, dann den dunklen Boden aufsetzen und die ganze Torte gleichmäßig von allen Seiten einstreichen. Danach mit dem Spritzbeutel Rosetten aufspritzen und den Torten-„Rohling“ etwa eine Stunde im Kühlschrank lagern.

Dekor
Kokosfett verflüssigen (Wasserbad) und Nudossi® hinzufügen. Die Masse nun auf ein mit Backpapier ausgelegtes Blech (4–5 mm stark) gießen und mit einem warmen runden Gegenstand (z. B. Topf) ausstechen. Den Nougatspiegel per heißem Messer 16-fach teilen, aufgarnieren. (Hinweise zum Guss bei Festtags-Zopf nachzulesen!) Torte mit Haselnusskrokant und Haselnüssen verzieren.

Dresdner Oblatentorte

Zutaten für eine kleine Torte

Biskuitroulade

75 g Weizenmehl
85 g Zucker
3 Eier
40 g Nudossi®

Buttercreme

120 g Butter
30 g Zucker
150 ml Milch
60 g Nudossi®
20 g Vanillepuddingpulver

Dekor

150 g Kalter Hund-Brotaufstrich
100 g Kokosfett
1 Oblate**

*„Oma Hartmanns® Kalter-Hund-Brotaufstrich" von „Vadossi®" – auch zum Selbermachen von Kaltem Hund!

**„Dresdner Frauenkirchenoblaten", gefüllt mit Champagnercreme, von „Vadossi®"

Biskuitroulade

Eier trennen. Eiweiß und die Hälfte des Zuckers zu Eischnee verarbeiten. Zuckerrest mit Eigelb im Wasserbad schaumig schlagen. Gesiebtes Mehl vorsichtig unter Eigelbmasse heben und lauwarmes Nudossi® unterrühren. Zuletzt Eischnee unterheben. Diese Masse auf ein mit Backpapier ausgelegtes Backblech gleichmäßig ca. 10 x 20 cm aufstreichen und etwa 8 Minuten bei 200 Grad backen.

Buttercreme

110 ml Milch und Zucker zum Kochen bringen. Milchrest mit Puddingpulver verquirlen und unter Rühren in die kochende Milch geben (darf nicht anbrennen). Nochmals aufkochen. Damit der Pudding keine Haut bildet, mit Folie abdecken oder leicht mit Zucker bestreuen. Erkalteten Vanillepudding glatt rühren. Butter und Nudossi® vermengen, Vanillepudding nach und nach hinzufügen.

Torte

Erkaltete Biskuitplatte mit $^2/_3$ Buttercreme bestreichen und längs halbieren. Den ersten 5 cm breiten Streifen anfangs liegend, dann aufrecht stehend zusammenrollen. Nächsten Streifen an die Rolle fügen, sodass die Torte ca. 14 cm Durchmesser hat. Mit der restlichen Creme die Torte sauber einstreichen.

Dekor

Kokosfett auflösen (Wasserbad) und Kalter-Hund-Brotaufstrich hinzufügen. Lauwarme Masse auf der Torte gleichmäßig verteilen und an den Seiten herunterlaufen, dann erkalten lassen (Hinweise siehe Festtags-Zopf!). Per Spritzbeutel acht Buttercreme-Rosetten auftragen. Eine Oblate mit dem Messer achteln und die Torte wie auf dem Foto verzieren.

DRESDNER
FRAUENKIRCHEN
OBLATEN

Haselnuss-Käsekuchen

Zutaten für einen runden Kuchen

Mürbeteigboden

180 g	Weizenmehl
120 g	Butter
60 g	Zucker
1	Eigelb
1/2 Fl.*	Vanillearoma
1/2 Pk.	Backpulver

Nussfüllung

50 g	Zucker
50 g	Haselnüsse (gemahlen o. grob gehackt und geröstet)
100 g	Nudossi®
30 g	Vanillepuddingpulver
100 ml	Wasser
1 Prise	Salz

Quarkfüllung

500 g	Speisequark
200 g	Zucker
7	Eier
1	Zitrone (Schale gerieben)
30 g	Speisestärke

Dekor

50 g	Puderzucker

* Backaroma (gibt's in kleinen Fläschchen)

Mürbeteig

Zucker, Vanillearoma, Butter weich rühren, Eigelb und anschließend gesiebtes Mehl und Backpulver hinzufügen. Alles zu einem Teig verkneten. Eine Ringform (ca. 28 cm Durchmesser) mit dem Mürbeteig auskleiden.

Nussfüllung

Alle Zutaten für die Haselnussfüllung, außer dem Nudossi®, kurz aufkochen lassen. Danach Nudossi® hinzufügen. Abkühlen lassen. Die Masse sollte streichfähig sein. Ist sie zu fest, ein wenig Milch beimengen. Ist sie zu weich, mit Vanillepuddingpulver und Zucker leicht andicken.

Quarkfüllung

Quark, 150 g Zucker, Zitronenschale, Speisestärke und Eigelb gleichmäßig verrühren. Eiweiß und den restlichen Zucker zu Schnee schlagen und unter die Quarkmasse heben.

Kuchen

Auf Mürbeteigboden kleine Häufchen Nussfüllung auftupfen. Quarkmasse gleichmäßig in den Tortenring füllen. Ofen auf 200 Grad vorheizen und abfallend auf 180 Grad etwa 50 Min. backen. Auf den erkalteten Kuchen Puderzucker sieben.

Radebeuler Kaffeekranz

Zutaten für einen Kranz (ca. 8 Stücke)

Teig

100 g	Weizenmehl
100 g	Butter
100 g	Zucker
3	Eier
1/2 Tl.	Backpulver
1/2 Fl.	Vanillearoma

Nudossi®-Buttercreme

250 ml	Milch
50 g	Zucker
25 g	Vanillepuddingpulver
200 g	Butter
100 g	Nudossi®

Dekor

100 g	Haselnüsse (gemahlen oder grob gehackt und geröstet)

Kuchenteig

Butter, Zucker und Vanillearoma schaumig rühren. Eier nach und nach zugeben, bis sich eine gleichmäßige Masse gebildet hat. Gesiebtes Mehl und Backpulver untermengen. Den Teig in eine gefettete Kranzform füllen und bei 180 Grad ca. 45 bis 50 Minuten backen. Den Kuchen erkalten lassen, aus der Form stürzen.

Nudossi®-Buttercreme

Vanillepudding kochen: 200 ml Milch und Zucker zum Kochen bringen. Restliche kalte Milch mit Puddingpulver vermischen, in die kochende Milch geben und rasch rühren, damit nichts anbrennt. Pudding nochmal kurz zum Kochen bringen und mit einer Folie abdecken. Damit wird verhindert, dass sich eine Haut bildet. Pudding erkalten lassen. Erst Butter und Nudossi® schaumig rühren, dann Vanillepudding zugeben.

Füllung

Kuchen gleichmäßig zweifach quer durchschneiden und mit der Nudossi®-Buttercreme füllen. Kranz mit restlicher Creme bestreichen sowie mit gemahlenen Haselnüssen bzw. grob gehackten und gerösteten Nüssen überstreuen. Nach Belieben mit Schokogitter dekorieren. Dafür im Wasserbad erwärmtes Nudossi® verwenden.

Birnen-Haselnuss-Schnitte

Zutaten für ein Blech mit etwa 20 Stücken

Rührmasse

200 g Weizenmehl
200 g Butter
200 g Zucker
4 Eier
1/2 Tl. Backpulver
120 g Nudossi®
40 g Haselnüsse (gemahlen)
1 Fl. Vanillearoma

1 Dose Birnen (Abtropfgewicht 460 g)
150 g Aprikosenkonfitüre

Kuchen

Butter, Zucker, Aroma mit 100 g Nudossi® schaumig schlagen. Eier nach und nach hinzufügen. Gesiebtes Mehl mit Backpulver sowie Haselnüsse unterrühren. Die Masse auf einem gut gefetteten Blech (ca. 30 mal 40 cm) verteilen. Die Birnen in Streifen schneiden und gleichmäßig auf den Kuchen legen. Für 40 bis 45 Minuten bei 180 Grad backen.
Aprikosenkonfitüre mit 2 Esslöffeln Wasser verrühren und aufkochen lassen. Per Pinsel auf den Kuchen auftragen. Den Kuchen mit dem im Wasserbad erwärmten restlichen Nudossi® besprenkeln.
Wer ein kleineres Blech nimmt, bekommt weniger, dafür höhere, Kuchenstücke!

Festtags-Zopf

Zutaten für einen Zopf

Hefeteig

250 g	Weizenmehl
50 g	Butter
40 g	Zucker
110 ml	Milch
20 g	Hefe
2 Prisen	Salz
1 Fl.	Vanillearoma

Nussfüllung

25 g	Zucker
45 g	Haselnüsse (gemahlen)
25 g	Nudossi®
50 ml	Wasser
1 Prise	Salz
1/2 Fl.	Vanillearoma
20 g	Semmelbrösel

Guss

100 g	Nudossi®
20 g	Kakao, stark entölt
100 g	Puderzucker
125 g	Kokosfett

Hefeteig

Alle Zutaten in eine Schüssel geben (Milch leicht erwärmt) und kräftig durchkneten. Danach etwa 30 Minuten ruhen lassen. Teig rechteckig ausrollen und in 3 gleiche Streifen schneiden.

Nussfüllung

Die Zutaten für die Haselnussfüllung zu einer einheitlichen Masse verrühren und per Spritzbeutel gleichmäßig auf die 3 Hefeteigstreifen der Länge nach aufspritzen. Teigstreifen nun zufalten und die Enden fest zusammendrücken. Die 3 Streifen nebeneinanderlegen und zu einem Zopf flechten. Diesen bei 180 Grad etwa 35 Minuten backen.

Guss

Für den Nudossi®-Guss wird das Kokosfett langsam im Wasserbad auf rund 35 Grad erwärmt. Ist es aufgelöst (bitte nicht die Geduld verlieren!), Nudossi® mit Kakao unterrühren. Nun gesiebten Puderzucker hinzufügen. Es ist wichtig, zum Übergießen jenen Moment abzupassen, in dem die Gussmasse vom flüssigen in den zähen Zustand übergeht! Ist sie bereits zu fest, wird sie im Wasserbad wieder geschmeidig. Beim Überziehen des Zopfes eventuell per Messer nachhelfen. Bleibt etwas Guss übrig, kann er im Kühlschrank für spätere Backwerke aufbewahrt werden.

Elbflorenz-Welle

Zutaten für ein Blech mit etwa 20 Stücken

Mürbeteigboden
- 180 g Weizenmehl
- 120 g Butter
- 60 g Zucker
- 1 Ei
- 1 Fl. Vanillearoma

Vanillepudding
- 1 l Milch
- 200 g Zucker
- 100 g Vanillepuddingpulver

Nudossi®-Buttercreme
- 300 g Butter
- 75 g Zucker
- 200 g Nudossi®

Glasur
- 100 g Nudossi®
- 30 g Kakao, stark entölt
- 100 g Puderzucker
- 150 g Kokosfett

Mürbeteig
Butter und Zucker weich arbeiten, Ei, Aroma hinzugeben. Mit dem gesiebten Mehl verkneten. Teig 30 Minuten kühl stellen. Danach auf einem 30 x 40 cm großen Backblech (Backpapier unter dem Teig) ausrollen. Bei 180 bis 200 Grad 12 bis 15 Minuten goldbraun backen.

Vanillepudding
800 ml Milch mit dem Zucker zum Kochen bringen. Restmilch mit dem Puddingpulver verquirlen und langsam unter ständigem Rühren zur kochenden Milch geben.

Nudossi®-Buttercreme
Butter mit Zucker und Nudossi® schaumig rühren. 300 g vom gekochten Vanillepudding abnehmen, glatt rühren und unter die Buttermasse mischen.

Kuchen
Mürbeteigboden in 30 x 40 cm große Auflaufform legen. 1000 g Pudding noch möglichst warm auf den Boden gießen und gleichmäßig glatt streichen. Dieser muss nun völlig auskühlen, bevor die auf Körperwärme temperierte Buttercreme ganz vorsichtig auf dem Pudding verteilt und glatt gestrichen wird. Ist der Pudding nicht völlig ausgekühlt oder die Creme zu warm, zerstört man die gleichmäßigen Schichten. Kuchen abkühlen lassen.

Glasur
Das Kokosfett im Wasserbad erwärmen, anschließend Nudossi® und Kakao hinzufügen, zuletzt den gesiebten Puderzucker. Nougatsoße vorsichtig auf dem Kuchen verteilen und glatt streichen. Warten, bis die Masse anzuziehen beginnt, und dann per Gabel wellenförmige Linien auf den Guss ziehen. Beachten Sie die Hinweise unter Festtags-Zopf!

Lukullus-Nusskranz

Zutaten für einen Kranz (ca. 12 Stücke)

Hefeteig

170 g	Weizenmehl
80 g	Butter
35 g	Zucker
80 ml	Milch
15 g	Hefe
1	Ei
1 Prise	Salz

Haselnussfüllung

25 g	Zucker
55 g	Haselnüsse (gemahlen)
30 g	Nudossi®
50 ml	Wasser
1 Prise	Salz
$^1/_2$ Fl.	Vanillearoma

Guss/Dekor

200 g	Nudossi®
30 g	Kakao, stark entölt
200 g	Kokosfett
20 g	Haselnüsse (gemahlen)
12	Haselnusskerne

Hefeteig mit Füllung

Mehl, lauwarme Milch, Salz und Hefe zu einem Teig verkneten, 20 Minuten ruhen lassen. Butter und Zucker weich rühren, danach das Ei zugeben. Teig und Buttermasse zu einem Teigstück verkneten und 30 Minuten stehen lassen. Währenddessen die Zutaten für die Füllung, außer dem Nudossi®, kurz aufkochen, danach Nudossi® hinzufügen und abkühlen lassen. Die Masse muss streichfähig sein. Sollte sie zu fest sein, Milch hinzugeben, ist sie zu weich, mit Paniermehl und Zucker andicken. Den Teig rechteckig (ca. 15 x 20 cm) ausrollen. Nussmasse aufstreichen und die Teigplatte von oben nach unten straff aufrollen. In eine gebutterte Kranzkuchenform legen. Den Kranzkuchen ca. 60 Minuten an einem warmen Ort gehen lassen und danach im vorgeheizten Ofen bei 180 Grad für 45 bis 50 Minuten backen.

Guss und Dekor

Für den Überzug Kokosfett vorsichtig erwärmen, Nudossi® und Kakao hinzufügen. Den kalten Nusskranz vorsichtig mit Nougatmasse übergießen. Eventuell mit einem Messer nachhelfen, damit alle Kuchenteile mit Nougat bedeckt sind (Hinweise zum Guss unter Festtags-Zopf). Mit ganzen und gemahlenen Haselnüssen dekorieren.

Nudossi®-Rolle

Zutaten für eine Rolle mit etwa 10 Scheiben

Biskuitroulade
- 75 g Weizenmehl
- 40 g Nudossi®
- 85 g Zucker
- 3 Eier

Nudossi®-Buttercreme
- 180 ml Milch
- 135 g Butter
- 75 g Nudossi®
- 40 g Zucker
- 25 g Vanillepuddingpulver
- 50 g Kakaopulver, stark entölt

Dekor
- 50 g Puderzucker

Biskuitroulade

Eiweiß und die Hälfte des Zuckers zu Eischnee verarbeiten. Den restlichen Zucker mit Eigelb im Wasserbad schaumig schlagen. Gesiebtes Mehl unter die Eigelbmasse heben und lauwarmes Nudossi® unterrühren. Anschließend den Eischnee unterheben. Die Masse auf ein mit Backpapier ausgelegtes Backblech gleichmäßig dünn aufstreichen und etwa 8 Minuten bei 200 Grad backen.

Nudossi®-Buttercreme

120 ml Milch mit dem Zucker zum Kochen bringen. Die übrige kalte Milch mit dem Puddingpulver verrühren, in die kochende Milch geben und quirlen, damit nichts anbrennt. Unter Rühren den Pudding nochmals kurz zum Kochen bringen und mit einer Folie abdecken oder leicht mit Zucker bestreuen, damit der Pudding keine Haut bildet. Abkühlen lassen. Erkalteten Vanillepudding glatt rühren. Butter, Kakaopulver und Nudossi® schaumig schlagen und Vanillepudding nach und nach hinzufügen.

Cremerolle

Rechteckige Biskuitplatte vom Papier lösen. Nudossi®-Crème gleichmäßig aufstreichen und die Platte von oben nach unten straff zusammenrollen. Kalt stellen und mit Puderzucker bestäuben.

Safari-Kuchen

Zutaten für eine Kastenform

Rührkuchen
- 150 g Weizenmehl
- 150 g Butter
- 150 g Zucker
- 3 Eier
- 100 g Mama Savanna*
- 1/2 Tl. Backpulver
- 1 Fl. Vanillearoma

Guss/Dekor
- 150 g Nudossi®
- 50 g Puderzucker
- 150 g Kokosfett
- 1 Eiweiß

*„Mama Savanna Kakao-Creme“ von „Nudossi®“

Rührkuchen

Butter und Zucker mit Aroma schaumig schlagen. Eier nach und nach hinzufügen. Gesiebtes Mehl mit Backpulver vorsichtig unterheben. 1/3 der Masse abnehmen und mit „Mama Savanna“ verrühren. Die Hälfte der hellen Masse in eine gefettete Kastenform legen, danach die gesamte dunkle Masse längs in die Mitte füllen, abschließend die restliche helle Masse auflegen. Bei 180 Grad ca. 50 bis 55 Minuten backen. Den kalten Kuchen stürzen.

Guss/Dekor

Für den Überzug Kokosfett im Wasserbad erwärmen und Nudossi® hinzufügen. Lauwarme Masse mit Pinsel auftragen und erkalten lassen (Hinweise zum Guss unter Festtags-Zopf). Puderzucker mit Eiweiß verquirlen und per Spritzbeutel beispielsweise Zebrastreifen auf den Kuchen dressieren (notfalls mit Wasser geschmeidig machen).

Nudossi
Meme Savanna

Kokos-Muffins

Zutaten für 6 Muffins

Rührmasse

175 g	Weizenmehl
80 g	Butter
75 g	Zucker
1	Ei
180 ml	Milch
1/2 Tl.	Backpulver
60 g	Kokosnuss (geraspelt)
6 Tl.	Nudossi®

Guss

50 g	Nudossi®
20 g	Kakao, stark entölt
100 g	Puderzucker
125 g	Kokosfett

Muffins

Zucker und handwarme Butter mit dem Mixer schaumig rühren, Ei und Milch hinzufügen. Gesiebtes Mehl, Backpulver und Kokosflocken untermischen. Die gebutterten Muffin-Förmchen oder Papiermuffincups bis zum Drittel mit Masse füllen (z. B. mit dem Spritzbeutel). Vorsichtig mittig einen Teelöffel Nudossi® auf die Masse geben. Nun die Formen gleichmäßig mit der Masse auffüllen. Muffins im vorgeheizten Ofen bei 190 Grad ca. 22 bis 28 Minuten backen.

Guss

Kokosfett im Wasserbad erwärmen, Nudossi® und Kakao unterrühren, gesiebten Puderzucker hinzufügen. Erkaltete Muffin-Köpfe in die Nougatmasse eintauchen und sehr gut abtropfen lassen. Im Kühlschrank kalt stellen, bis der Überzug fest ist. Es ist wichtig, zum Eintauchen jenen Moment abzupassen, in dem die Gussmasse vom flüssigen in den zähen Zustand übergeht! Siehe auch Hinweise unter Festtags-Zopf! Nach Belieben mit Smarties belegen oder mit Kokosraspel bzw. Mandelsplittern bestreuen.

American Brownies

Zutaten für ca. 30 Brownies

Brownie-Teig

250 g	Weizenmehl
375 g	Butter
250 g	Zucker
250 g	Kuvertüre
6	Eier
100 g	Haselnüsse (gehackt und geröstet)

Guss

200 g	Nudossi®
40 g	Kakao, stark entölt
120 g	Puderzucker
175 g	Kokosfett

Teig

Butter im Wasserbad verflüssigen, die Kuvertüre darin auflösen. Zucker und Eier mit dem elektrischen Rührgerät schaumig schlagen. Butter-Kuvertüremasse unter die Eiermasse heben, dann das gesiebte Mehl und die Haselnüsse beimengen. Den Teig in eine ca. 30 x 30 cm große Backform füllen, glatt streichen und bei 180 Grad etwa 25 bis 30 Minuten backen. Achtung! Brownies werden sehr hart, wenn man sie zu lange bäckt. Kalt schneiden.

Guss

Kokosfett im Wasserbad erwärmen, Nudossi®, Kakao sowie gesiebten Puderzucker hinzugeben. Brownies in die lauwarme Nudossi®-Masse eintunken, abtropfen lassen. (Hinweise unter Festtags-Zopf beachten!) Nach Belieben mit verschiedenen Nüssen dekorieren.

Berliner/Pfannkuchen

Zutaten für etwa 14 Stück

Hefeteig

250 g	Weizenmehl
25 g	Butter
30 g	Zucker
125 ml	Milch
21 g	Hefe
2	Eier
1 Prise	Salz
1,5 l	Frittierfett

Nudossi®-Buttercreme

250 ml	Milch
200 g	Butter
100 g	Nudossi®
50 g	Zucker
25 g	Vanillepuddingpulver

Überzug

100 g	Nudossi®
40 g	Kakao, stark entölt
200 g	Puderzucker
160 g	Kokosfett

Hefeteig

Alle Zutaten (Zimmertemperatur) in eine Schüssel geben und kräftig verkneten. Den Teig etwa 20 Minuten ruhen lassen, danach in etwa 40 Gramm schwere Stücke zerteilen und kleine Bällchen formen. Diese auf eine mit Mehl bestäubte Fläche legen, mit einem Tuch abdecken und in warmer Umgebung 45 bis 60 Minuten gehen lassen. Diese Krapfen in der Fritteuse von beiden Seiten 3 bis 4 Minuten backen. Erkaltete Teigstücke halbieren.

Nudossi®-Buttercreme

150 ml Milch und Zucker zum Kochen bringen. Restliche kalte Milch mit Puddingpulver verrühren, in die kochende Milch geben und rasch mixen, damit nichts anbrennt. Unter Rühren den Pudding nochmals kurz aufkochen und mit einer Folie abdecken oder leicht mit Zucker bestreuen, damit er keine Haut bildet. Abkühlen lassen. Den erkalteten Vanillepudding glatt rühren. Butter und Nudossi® schaumig schlagen und den Vanillepudding nach und nach hinzufügen.

Überzug und Füllung

Kokosfett im Wasserbad erwärmen, Nudossi®, Kakao und gesiebten Puderzucker dazugeben. Köpfe der Berliner bzw. Pfannkuchen in die Nudossi®-Masse tunken und gründlich abtropfen lassen. Bitte Hinweise zum Überzug unter Festtags-Zopf beachten! Die untere Pfannkuchenhälfte per Spritzbeutel (dünne Tülle) schlangenförmig mit Nudossi®-Crème füllen. Dann im Kühlschrank erkaltete, überzogene Köpfe auflegen.

Gefüllte Kräbbelchen

Zutaten für etwa 20 Stück

Brandteig

150 g	Weizenmehl
100 g	Butter
4	Eier
250 ml	Wasser
1 Prise	Salz

Nudossi®-Buttercreme

250 ml	Milch
200 g	Butter
100 g	Nudossi®
50 g	Zucker
25 g	Vanillepuddingpulver

Überzug

160 g	Nudossi®
30 g	Kakao, stark entölt
160 g	Kokosfett

Brandteig

Wasser, Butter und Salz zum Kochen bringen. Mehl hinzufügen und die Masse unter ständigem Rühren mit einem Holzlöffel zum Teigklumpen formen. Diesen dann für 2 bis 3 Minuten rösten. Den Teigklumpen auf Handwärme abkühlen lassen. Per Rührgerät Eier beimengen, bis eine gleichmäßige Masse entsteht. Mit dem Spritzbeutel Teigrosetten auf ein Blech (Backpapier drunter) dressieren. Je nach Größe bei 200 Grad 12 bis 15 Minuten backen.

Nudossi®-Buttercreme

150 ml Milch und Zucker zum Kochen bringen. Restliche kalte Milch mit Puddingpulver verrühren, in die kochende Milch geben und rasch weiter verrühren, damit nichts anbrennt. Unter Rühren den Pudding nochmals kurz aufkochen und mit einer Folie abdecken oder leicht mit Zucker bestreuen, damit er keine Haut bildet. Abkühlen lassen. Den erkalteten Vanillepudding glatt rühren. Butter und Nudossi® schaumig schlagen und Vanillepudding nach und nach hinzufügen.

Überzug und Füllung

Kokosfett im Wasserbad erwärmen, Nudossi® und Kakao hinzufügen. Von den kalten Kräbbelchen das obere Drittel abschneiden, in die Masse tunken. Hinweise unter Festtags-Zopf beachten! Den unteren Teil mit Creme füllen und den „Hut“ aufsetzen.

Keks-Rehrücken

Zutaten für einen Kuchen mit ca. 10 Scheiben

Keks-Body

- 200 g Butterkekse
- 300 g Nudossi®
- 180 g Kokosfett

Nudossi®-Buttercreme

- 180 ml Milch
- 135 g Butter
- 75 g Nudossi®
- 40 g Zucker
- 25 g Vanillepuddingpulver

Keks-Body

Wenn möglich, eine halbrunde Backform mit Backpapier auslegen. Die Seiten mit Keksen auskleiden. Kokosfett im Wasserbad erwärmen und anschließend Nudossi® hinzufügen. Weiter erwärmen, bis die Masse lauwarm wird. Per Suppenkelle auf die mit Keksen ausgelegte Backform portionieren und Schicht um Schicht hinzufügen, bis Kekse und Nougatmasse aufgebraucht sind. Den Kuchen für mindestens eine Stunde in den Kühlschrank stellen.

Nudossi®-Buttercreme

120 ml Milch und Zucker zum Kochen bringen. Restliche kalte Milch mit Puddingpulver verrühren, in die kochende Milch geben und rasch verrühren, damit nichts anbrennt. Unter Rühren den Pudding nochmals kurz aufkochen. Abkühlen lassen. Den erkalteten Vanillepudding glatt rühren. Butter und Nudossi® schaumig schlagen und den Vanillepudding nach und nach hinzufügen.

Dekor

Abgekühlten Kuchen nun mit Buttercreme gleichmäßig bestreichen. Per Gabel Kuchen wellenförmig kämmen und die Seiten nach Belieben mit Krokant oder gehackten, gerösteten Haselnüssen versehen.

Omas Kalter Hund

Zutaten für einen Kuchen mit ca. 12 Scheiben

400 g Butterkekse
400 g Kalter-Hund-Brotaufstrich
40 ml Rum
250 g Kokosfett

*„Oma Hartmanns® Kalter-Hund-Brotaufstrich" von „Vadossi®" – auch zum Selbermachen von Kaltem Hund!

Kuchenherstellung

Kokosfett im Wasserbad lauwarm erwärmen. Kalten-Hund-Brotaufstrich hinzugeben, bis die Masse einheitlich lauwarm ist. Zuletzt den Rum untermischen. Eine rechteckige Backform mit Backpapier auslegen. Per Kelle die Schokoladenmasse hineingießen. Gleichmäßig die Kekse verteilen. Das Prozedere so lange wiederholen, bis Schokomasse und Kekse aufgebraucht sind. Die Form im Kühlschrank 30 bis 60 Minuten lang erkalten lassen, den Kuchen stürzen, das Backpapier abziehen und je nach Bedarf Scheiben abschneiden. Bäckt man für Kinder, sollte man den Rum weglassen!

Schwarz-weiße Naschtaler

Zutaten für etwa 100 Kekse

Teig

300 g	Weizenmehl
150 g	Butter
150 g	Zucker
1	Ei
$^1/_2$ Tl.	Backpulver
1 Fl.	Vanillearoma
100 g	Mama Savanna*

* „Mama Savanna Kakao-Creme" von „Nudossi®"

Teig

Butter (Zimmertemperatur), Vanillearoma und Zucker kneten, das Ei unterarbeiten. Anschließend gesiebtes Mehl nebst Backpulver mit der Buttermasse wirken, bis sich ein fester Teig bildet. Die Hälfte des Teiges abnehmen und mit Mama Savanna vermengen, wobei ein dunkler Teig entsteht. Beide Teige ca. 0,5 cm dick ausrollen, teilweise Streifen schneiden oder Stangen formen, sodass beim Zusammenlegen verschiedene Muster entworfen werden. Die Rollen kühl stellen, anschließend den Keksteig in etwa $^1/_2$ cm dicke Scheiben schneiden und aufs Backblech (Backpapier drunter) legen. Bei 190 Grad ca. 8 bis 10 Minuten backen.

Feines Nougat-Konfekt

Zutaten für etwa 30 Stücke

Konfektteig

300 g	Weizenmehl
150 g	Butter
150 g	Zucker
1	Ei
1/2 Tl.	Backpulver
1 Fl.	Vanillearoma

Füllung

1 Tube	Mama Savanna*

Glasuren

150 g	Nudossi®
120 g	Kokosfett
160 g	Puderzucker
7 Tl.	Zitronensaft
7 Tl.	Erdbeersirup
1	Eiweiß

*„Mama Savanna Kakao-Creme" von „Nudossi®"

Teig

Butter (Zimmertemperatur), Vanillearoma und Zucker vermischen, Ei unterarbeiten. Anschließend gesiebtes Mehl und Backpulver mit der Buttermasse kneten, bis ein fester Teig entsteht. Diesen eine Stunde kühlen lassen. Dann etwa 3 mm dick ausrollen und mit verschiedenen Formen Kekse ausstechen. Auf ein mit Backpapier ausgelegtes Blech legen und 10 Minuten bei 175 bis 200 Grad goldbraun backen.

Füllung

Auf die Hälfte der Kekse je einen Klecks Mama Savanna geben und mit einem puren Keks abdecken.

Glasur

Für die Nudossi®-Glasur Kokosfett erwärmen und Nudossi® beimengen (siehe Festtags-Zopf). Zucker-Glasuren werden bereitet, indem man je 80 Gramm Puderzucker mit Zitronensaft bzw. Erdbeersirup verrührt und mit Eiweiß geschmeidiger macht. Kekse, z. B. wie in der Abbildung gezeigt, dekorieren.

Wiener Spritzgebäck

Zutaten für etwa 30 Stücke

Gebäckteig

- 200 g Weizenmehl
- 100 g Speisestärke
- 200 g Butter
- 100 g Zucker
- 80 ml Milch
- 1 Ei

Füllung

- 75 g Nudossi®
- 75 g Sauerkirschkonfitüre

Dekor

- 100 g Nudossi®
- 100 g Kokosfett

Teig

Butter und Zucker schaumig schlagen, Ei und Milch langsam unterrühren. Gesiebtes Mehl und Stärke langsam beimengen. Die Masse mit dem Spritzbeutel als Rosetten oder in anderen Formen (nicht zu dick) auf ein gebuttertes Backblech dressieren und bei 190 Grad ca. 12 Minuten backen.

Füllung

Jeweils auf einen Keks einen Teelöffel Nudossi® oder Konfitüre geben, mit einem zweiten Keks abdecken.

Dekor

Kokosfett im Wasserbad verflüssigen und anschließend Nudossi® hinzugeben. Die erkalteten Gebäckstücke zur Hälfte in die lauwarme Nudossi®-Masse eintunken und gut abtropfen lassen. Siehe auch die Hinweise unter Festtags-Zopf! Nach Belieben garnieren.

Nougat-Kipferln

Zutaten für etwa 40 Stücke

Kipferln-Teig

300 g	Weizenmehl
100 g	Butter
250 g	Nudossi®
1	Ei
1 Pk.	Vanillezucker
$^1/_2$ Tl.	Backpulver
1 Prise	Salz
50 ml	Milch

Überzug

200 g	Nudossi®
20 g	Kakao, stark entölt
180 g	Kokosfett

Teig

Die weiche Butter mit Nudossi® verrühren, Ei, Milch, Vanillezucker und Salz zugeben und kräftig verquirlen. Das Mehl mit dem Backpulver sieben und unter die Nougat-Buttermasse kneten. Den Teig etwa eine Stunde im Kühlschrank ruhen lassen. Danach kleine Kügelchen formen, diese länglich rollen und die Enden spitz zulaufen lassen. Kipferln bei 190 Grad etwa 10 Minuten lang backen.

Überzug

Kokosfett im Wasserbad leicht erwärmen, Nudossi® und Kakao hinzufügen. Die Enden der Kipferln in die Nougatmasse tunken und abkühlen lassen (siehe auch Festtags-Zopf).

Honig-Pfefferkuchen

Zutaten für etwa 30 Lebkuchenmänner und -frauen

Pfefferkuchenteig

1500 g Roggenmehl
150 g Nudossi®
600 g Honig
500 g brauner Zucker
7 Eier
3 El. Zimt
1 Tl. Gewürznelken-Pulver
1 Tl. Kardamom
1 Tl. Piment-Pulver
2 Zitronen (nur Schale)
1 Orange (nur Schale)

Dekor

300 g Nudossi®
250 g Kokosfett
200 g Puderzucker
8 Tl. Zitronensaft
8 Tl. Kirschsirup

Honigteig

Honig und Zucker aufkochen. In die noch heiße Masse alle Gewürze sowie die geriebenen Zitronen- bzw. Orangenschalen rühren (Früchte vorher gut mit heißem Wasser abwaschen, nur ungewachste und nicht chemisch behandelte Exemplare nehmen). Mehl, Nudossi®, verquirlte Eier und die abgekühlte Honig-Zucker-Masse gut verkneten. Der Teig muss mindestens über Nacht ruhen. Anschließend wird er nicht zu dünn ausgerollt, mit Formen ausgestochen und auf ein gut gefettetes Backblech oder Backpapier gelegt. Bei 190 Grad etwa 15 Minuten backen.

Dekor

Für die Nudossi®-Glasur Kokosfett leicht erwärmen und Nudossi® untermischen. Für die Zuckerglasur je 100 Gramm Puderzucker mit Zitronensaft bzw. Kirschsirup verrühren. Kekse durch Tunken, per Messer und Spritzbeutel, z. B. wie abgebildet, dekorieren. Siehe auch Hinweise unter Festtags-Zopf!

Sächsisches Stollenkonfekt

Zutaten für etwa 35 Stücke

Stollenkonfekt-Teig

325 g	Weizenmehl
150 g	Butter
50 g	Zucker
90 ml	Milch
20 g	Hefe
30 g	gehackte Mandeln
20 g	Orangeat
20 g	Zitronat
60 g	Marzipan
1 Fl.	Mandelaroma
1 Prise	Salz

Marzipanfüllung

100 g	Marzipan
100 g	Nudossi®
50 g	Honig
1	Eiweiß

Außerdem

250 g	Butter
250 g	Zucker
150 g	Puderzucker

Teig & Füllung

Butter mit Zucker, gehackten Mandeln, Salz, Orangeat, Zitronat und Marzipan weich kneten. Danach mit allen weiteren Zutaten zu einem geschmeidigen Teig verarbeiten. Rund 20 Minuten ruhen lassen. Rechteckig etwa 4 mm stark ausrollen, mit der Marzipanfüllung – alle Zutaten vermischen – bestreichen und zusammenklappen. So entsteht eine gefüllte Platte, die nach Belieben ausgestochen wird. Stücke auf ein Backblech (mit Fettigkeit oder Backpapier versehen) legen und bei 220 Grad etwa 10 Minuten backen.

Buttern & zuckern

Die Gebäckstücke in erwärmte, flüssige Butter tunken und sofort in Kristallzucker rollen. Nach Erkalten mit Puderzucker bestäuben.

Haselnuss-Stollen

Zutaten für einen Stollen

Vorteig

60 g	Weizenmehl
40 ml	Milch
25 g	Hefe

Hauptteig

140 g	Weizenmehl
90 g	Butter
50 g	Zucker
40 g	Haselnüsse, gehackt
30 g	Marzipan
25 g	Orangeat
30 g	geriebene Zitronenschale
1 Prise	Salz
15 ml	Milch
$^1/_2$ Fl.	Rumaroma
$^1/_2$ Fl.	Vanillearoma

Haselnuss-Füllung

180 g	Haselnüsse, gemahlen
90 g	Zucker
80 g	Nudossi®
180 ml	Wasser
1 Prise	Salz
$^1/_2$ Fl.	Vanillearoma

Dekor

100 g	Butter
50 g	Kristallzucker
50 g	Puderzucker

Vorteig

Aus Mehl, leicht erwärmter Milch und Hefe einen Vorteig herstellen, 30 Minuten ruhen lassen.

Haselnuss-Füllung

Alle Zutaten in einem Topf aufkochen und danach kurz abkühlen lassen.

Hauptteig

Butter, gehackte Haselnüsse, Zucker, Marzipan, Orangeat, Zitronenschale, Salz und Aromen weich verrühren. Danach alles mit den restlichen Zutaten und dem Vorteig zu einem mittelfesten Teig kneten und weitere 20 Minuten ruhen lassen. Jetzt rechteckig auf die Breite der Backform ca. 25 cm lang ausrollen und die Haselnussmasse vorsichtig auf den Teig streichen. Sollte die Füllung zu fest sein, mit etwas Milch streichfähiger machen. Nun den Teig von oben nach unten bis zur Mitte straff zusammenrollen. Gleiche Prozedur von unten wiederholen. Die Rolle mit der Öffnung nach oben in eine rechteckige Backform legen. Teig 20 Minuten ruhen lassen und dann etwa 40 Minuten bei 180 Grad backen.

Dekor

Den ofenwarmen Stollen mit zerlassener Butter bestreichen und mit Kristallzucker bestreuen. Nach Erkalten mit Puderzucker übersieben.

Mailänder Stollen

Zutaten für einen Stollen

Vorteig

100 g	Weizenmehl
75 ml	Milch
40 g	Hefe

Hauptteig

240 g	Weizenmehl
160 g	Butter
80 g	Zucker
50 g	Marzipan
30 g	Zitronat
20 g	Orangeat
15 g	Zitronenschale
50 g	gehackte Mandeln
1 Prise	Salz
110 ml	Milch
1 Fl.	Rumaroma
1 Fl.	Mandelaroma
10 g	Stollengewürz
100 g	dunkle Kuvertüre, gehackt

Glasur

50 g	Nudossi®
100 g	Kalter Hund-Brotaufstrich*
80 g	Puderzucker
150 g	Kokosfett

*„Oma Hartmanns® Kalter Hund-Brotaufstrich" von „Vadossi" – auch zum Selbermachen von Kaltem Hund!

Vorteig

Aus Mehl, leicht erwärmter Milch und Hefe einen Vorteig herstellen, 30 Minuten ruhen lassen.

Hauptteig

Butter, Zucker, Marzipan, Zitronat, Orangeat, Zitronenschale, Mandeln, Salz und Aromen zu einer weichen Masse verrühren. Zusammen mit allen restlichen Zutaten (außer Kuvertüre) und dem Vorteig zu einem mittelweichen Teig kneten. Zehn Minuten ruhen lassen und die klein gehackte Kuvertüre untermengen. Anschließend den Teig zu einem Laib formen und der Länge nach oben in der Mitte mit einem Messer etwa 2 mm einschneiden. Nochmals 20 Minuten ruhen lassen und nun in einen auf 210 Grad vorgeheizten Ofen schieben. Nach zehn Minuten die Ofentemperatur auf 170 Grad senken und den Stollen 30 Minuten lang ausbacken. Er muss nun völlig erkalten.

Glasur

Kokosfett im Wasserbad leicht erwärmen, Kalten-Hund-Brotaufstrich und Nudossi® sowie den gesiebten Puderzucker hinzufügen (siehe Festtags-Zopf). Glasur per Pinsel auftragen. Nach Belieben noch geröstete und gehackte Mandeln auf den Stollen streuen.

Das luxuriöse 5-Sterne-Superior-Hotel Relais & Châteaux Bülow Palais an der noblen Königstraße in Dresdens Barockviertel

Sternekoch liebt das Nussige an Nudossi®

Er gehört zu den Top 50 von Deutschlands Spitzen-Köchen, verwöhnt die Gaumen von US-Präsidenten, Staatschefs und Bundeskanzlern, vom Dalai Lama und Gourmets aus aller Welt: Dirk Schröer (geb. 1975). Der gebürtige Stuttgarter lernte in den besten Restaurants wie „Die Ente von Lehel" im Hotel Nassauer Hof in Wiesbaden, war im „Tantris" in München Chef de partie und im Drei-Sterne-Restaurant „Vendôme" in Bensberg Sous-Chef. Seit 2006 ist er Küchenchef des Restaurants „Caroussel" im 5-Sterne-Superior-Hotel „Bülow Palais" Dresden und erhielt seitdem jedes Jahr einen Michelin-Stern, vom Gault Millau zudem aktuell 18 Punkte. Denn er verknüpft nur erstklassige Zutaten mit seiner handwerklichen Perfektion zu genussreichen, himmlisch aromatischen Kreationen. Und obwohl der Familienvater mit zwei Töchtern eigentlich bittere Schokolade über alles liebt, ließ er sich wie Millionen Fans vom Nudossi®-Geschmack verzaubern.

Dirk Schröer: „Am Anfang war es für mich ziemlich süß. Dann habe ich jedoch die Nuss-Nougat-Crème zwei Wochen auf mich wirken lassen und das Unverwechselbare schätzen gelernt. Es sind die vielen Haselnüsse, die der Creme eine ganz hervorragende Geschmacksnote verleihen. Diese ist mit ihren ungesättigten Fettsäuren ein besonderes Nahrungsmittel. Obgleich man mit Rücksicht auf die Bikinifigur nicht zu viel auf einmal naschen sollte." Kein Wunder, dass diese Köstlichkeit beim berühmten Sternekoch auch gleich die Ideen für außergewöhnliche Speisen sprudeln ließ: „Für mich war sofort klar, dass ich den sensationell hohen Haselnussanteil kulinarisch nutze. Doch ich machte mir auch Gedanken, welche Gewürze und Essige mit dieser Süße harmonieren. Und so ging ich beim Komponieren der Nudossi®-Spezialitäten genauso vor wie bei jeder anderen neuen Spezialität: fast wie mit einem Rechenschieber! Man weiß, wie die einzelnen Produkte schmecken, und sucht die vollendete Harmonie – oder Gegensätze, die den Genießer überraschen: zur Gänsestopfleber zum Beispiel die Süße vom Gelee und die Säure der Zitrone. Oder ich nutze Rosmarinöl als Brücke zwischen Jakobsmuscheln und Haselnussgeschmack."

Gourmet-Speisen

Sternekoch Dirk Schröer ist seit 2006 Küchenchef vom Restaurant „Caroussel“ im Bülow Palais in Dresden

Gänselebermousse

mit Nudossi® -Crème und Zitronengranité

Zutaten für 4 Portionen

Gänselebercreme

300 g	Gänseleber
150 ml	Mineralwasser
150 ml	Sojamilch
5 Blatt	Gelatine
	Meersalz
	Pfeffer, schwarzer (aus der Mühle)

Zitronengranité

3	Bio-Zitronen (reif)
210 g	Bio-Zucker
175 g	Glucose
1 l	Mineralwasser
3 Blatt	Gelatine

Nudossi®-Gelee

200 ml	Wasser
2–3 El.	Nudossi®
1	Zitrone (nur Schale)
2 Blatt	Gelatine
2 El.	Balsamico-Essig (alter)

Außerdem

Rucola
Borretschblüten
Salz-Flakes

Zubereitung

Gänseleber von Sehnen, Adern und Blutgerinnsel befreien, grob zerkleinern und in den Mixer geben. Kochendes Mineralwasser und Sojamilch dazugießen und so lange bei mittlerer Geschwindigkeit mixen, bis die Mischung vollständig emulgiert ist. Zum Schluss die eingeweichte und gut ausgedrückte Gelatine hinzufügen und mit Salz und Pfeffer würzen. Die Gänseleber-Masse durch ein feines Spitzsieb passieren, in Gläser füllen und für 3 Stunden, ohne sie zu bewegen, kühlen.

Mit einer Reibe sorgfältig die Zitronenschale abreiben, dabei versuchen, keine weiße Haut abzureiben. Zitronen entsaften und den Saft mit der Schale vermischen. In einem Topf den Zucker, Glucose und die Hälfte der Zitrone erhitzen, bis man ein dunkles Karamell erhält. Das Ganze nun mit dem Mineralwasser ablöschen, nochmals kochen, damit sich der Zucker auflösen kann. Die Mischung auf Zimmertemperatur abkühlen lassen, Gelatine und restlichen Saft unterrühren. Das Zitronengranité in ein Plastikgefäß geben, einfrieren. Die Masse sollte nicht dicker als 2 cm ausgegossen werden.

Wasser aufkochen, Nudossi® einrühren und die Zitronenschale beifügen. Das Gelee vom Herd nehmen. Die eingeweichte Gelatine und Balsamico dazugeben und verrühren. Nun das Gelee hauchdünn auf die Creme verteilen und erkalten lassen. Achtung, das Nudossi®-Gelee darf nicht zu heiß sein, sonst schmilzt die Creme.

Anrichten

Das Granité in Würfel schneiden und auf der Creme verteilen. Nun mit Rucola und Blüten ausgarnieren. Ein paar Salz-Flakes darüber streuen.

Rehrücken

mit Nudossi®, Kirschen und Anispüree

Zutaten für 4 Portionen

Reh

- 400 g Rehrücken (ohne Kn., pariert)
- 12 Mairübchen (geschält, halbiert)
- 16 Herzkirschen (halbiert, entkernt)
- Butter
- Salz, Pfeffer (aus der Mühle)
- Öl zum Braten

Püree

- 200 g Kartoffeln (mehlig, geschält)
- 100 g Knollensellerie (geschält, gew.)
- 80 g Butter
- 1 Tl. Anissamen
- 100 ml Milch
- 3 El. Schlagsahne
- Muskatnuss, gerieben

Sauce

- 2,5 kg Rehknochen
- 2 El. Öl
- 150 g Zwiebeln
- 60 g Karotten
- 40 g Knollensellerie
- 2 Knoblauchzehen
- 200 g Tomaten aus der Dose
- 5 l Geflügelbrühe
- 1 Lorbeerblatt
- 1 Thymianzweig
- 1 Rosmarinzweig
- 7 Pimentkörner
- 10 Pfefferkörner (schwarz)
- 10 Wacholderbeeren
- 1 Gewürznelke
- 2 El. Nudossi®
- 300 ml Rotwein

Zubereitung

Die Milch aufkochen, Anissamen einstreuen, 10 Minuten ziehen lassen, dann durch ein Sieb passieren. Kartoffeln vierteln und mit dem Sellerie in gesalzenem Wasser weich kochen. Abgießen und sofort durch die Presse drücken. Butter zufügen, das Püree mit Salz und Muskat würzen und die heiße Milch unterrühren. Erst zum Schluss die Sahne darunterheben und das cremige Püree pikant abschmecken.

Rehrücken in 4 gleich große Stücke schneiden und mit Salz und Pfeffer würzen. In einer heißen Pfanne von allen Seiten anbraten, danach auf ein Gitter setzen und für 4 Minuten bei 210 Grad im Ofen garen, herausnehmen und danach in Alufolie einpacken, für weitere 4 Minuten warm stellen. Im Anschluss in einer Pfanne mit etwas Rosmarin, Thymian und Butter nachbraten. Butter in der Sauteuse schmelzen und Mairübchen darin anbraten, salzen und pfeffern und weich schmoren. Die Kirschen mit etwas Butter und Sauce glacieren.

Knochen klein hacken und in einem flachen Topf in erhitztem Öl anbraten. Das geputzte, zerkleinerte Gemüse zufügen und 5 bis 8 Minuten rösten. Das Fett abgießen und Tomaten unterrühren. Nochmals kurz rösten. Nach und nach den Wein zugießen, zwischendurch die Flüssigkeit immer wieder ganz einkochen lassen. Nach dem letzten Einkochen mit kalter Hühnerbrühe aufgießen, bis die Knochen gut bedeckt sind, aufkochen lassen und abschäumen. Kräuter und Gewürze zufügen, bei mittlerer Hitze 2–$2\frac{1}{2}$ Stunden leicht köcheln lassen. Danach durch ein feines Haarsieb oder Tuch passieren und entfetten. Nach Belieben auf die gewünschte Konsistenz einköcheln. Zum Schluss Nudossi® in die Sauce einrühren.

Anrichten

Das Anispüree abnocken und auf den Teller setzen. Die Kirschen und Mairübchen auf dem Teller verteilen und die Sauce angießen. Nachgebratenen Rehrücken halbieren und auf den Teller legen.

Gegrillte Jakobsmuschel
mit Blumenkohl, Nudossi®-Gelee und Rosmarinöl

Zutaten für 4 Portionen

Jakobsmuscheln
- 8–12 Jakobsmuscheln (je nach Größe)
- Salz
- Zitronensaft
- Öl zum Braten

Nudossi®- Würfel
- 200 ml Wasser
- 100 g Nudossi®
- 24 g Balsamico-Essig, dunkler
- 2 g Agar-Agar

Blumenkohl
- 400 g Blumenkohl
- 100 ml Sahne
- 100 ml Geflügelfond
- 50 g Butter
- Salz, Pfeffer (aus der Mühle)
- Muskatnuss (gerieben)
- Melfor-Essig

Rosmarinöl
- 2 El. Rosmarin (fein gehackt)
- 5 El. Olivenöl (hochwertiges)

Außerdem
- Rote Shiso-Kresse
- Friséesalat
- Afilla Kresse
- Tardivoblätter
- Feine Brotcroutons

Zubereitung

Nudossi®, Wasser, Balsamico und Agar-Agar miteinander verrühren und aufkochen lassen. Die Flüssigkeit einen halben Zentimeter dick in ein rechteckiges Gefäß ausgießen und im Kühlschrank erkalten lassen, bis das Nudossi®-Gelee fest ist. Danach saubere Würfel aus dem Gelee schneiden und beiseitestellen.
Den Blumenkohl putzen. Die kleinen Röschen (ca. 150 g) in Salzwasser blanchieren, in Eiswasser abschrecken, herausnehmen und auf einem Tuch abtropfen lassen. Restlichen Blumenkohl in etwas Butter andünsten, mit Sahne und Geflügelfond aufgießen und weich dünsten. Nun mithilfe einer Küchenmaschine ein Püree herstellen und abschmecken. Die Blumenkohlröschen in Butter anbraten, mit Salz und Pfeffer würzen und mit Melfor-Essig ablöschen.
Die Jakobsmuscheln mit Salz und Zitronensaft würzen und in heißem Öl goldgelb braten.

Anrichten

Einen Streifen vom Blumenkohlpüree in der Mitte des Tellers ziehen. Darauf die Jakobsmuscheln setzen und die marinierten Blumenkohlröschen anlegen. Das Gelee und die Brotcroutons darüberfallen lassen. Mit dem Salat ausgarnieren und mit Rosmarinöl beträufeln.

Kaninchen

mit Couscous, gegrillter Avocado und Nudossi®-Jus

Zutaten für 4 Portionen

Kaninchen

4	Kaninchenrücken (ausgelöst, 8 Filets)
200 ml	Geflügeljus
3 El.	Nudossi®
2 Tl.	Petersilie, fein gehackt
	Salz
	Pfeffer (aus der Mühle)
	Öl zum Anbraten
	Butter

Couscous

8 El.	Couscous
250 ml	Geflügelfond
125 g	Tomaten (passiert, aus Dose)
100 ml	Geflügelbrühe
2 El.	Paprika (fein gewürfelt)
2 El.	Zucchini
4 El.	Butter
3	Peperoni (grün)
1	Knoblauchzehe
2	Schalotten
1	Zweig Zitronen-Thymian
	Salz, Pfeffer
	Raz El Hanout (arab. Gewürz)
	Curry Anapurna
	Piment d'Esplette

Avocado

1	Avocado, reif
	Salz, Pfeffer (aus der Mühle)
	Mangoldblätter (kleine)

Zubereitung

Für den Couscous die Paprika- und Zucchiniwürfel in Butter andünsten, den Couscous-Grieß einstreuen und kurz mit anschwitzen. Mit dem Geflügelfond ablöschen und aufgießen und ca. 4 Minuten weich köcheln lassen. Den Couscous dann mit Gewürzen pikant abschmecken. Peperoni putzen und in Streifen schneiden. Schalotten ebenfalls spalten. Beides in etwas Butter andünsten, mit Tomaten und Geflügelbrühe auffüllen. Die Knoblauchzehe und den Zitronen-Thymian dazugeben und alles bei 180 Grad für ca. 10 Minuten zugedeckt im Ofen garen.

Kaninchenrücken mit Salz und Pfeffer würzen und von allen Seiten in Öl anbraten. Auf ein Gitter setzen und mit einem Blech darunter für 3 Minuten in die unterste Schiene des 180 Grad heißen Ofens schieben. Dann herausnehmen und an einem weiteren Ort 4 Minuten ruhen lassen. Anschließend in etwas Butter ringsum anbraten. Geflügeljus aufkochen, Nudossi® einrühren und mit gehackter Petersilie abschmecken.

In der Zwischenzeit die Grillpfanne erhitzen. Die Avocado schälen, würzen und in Spalten schneiden, in der Grillpfanne von beiden Seiten grillen.

Anrichten

Den Couscous abnocken und auf die Teller setzen, Peperoni um den Couscous verteilen. Rücken halbieren, Kaninchen und Avocado seitlich anlegen und mit der Sauce umgießen, mit Mangoldblättern ausgarnieren.

Kross gebratene Entenbrust
mit Lauch, Kartoffelschaum, Baby-Spinat und Haselnuss

Zutaten für 4 Portionen

Ente

4 Entenbrüste
2 El. Olivenöl zum Braten
1 Zweig Rosmarin
Salz und Pfeffer (aus der Mühle)
Butter (zum Nachbraten)
Entenjus (zum Glasieren)

Gemüse

3 Stangen Frühlingslauch (in Ringe geschnitten)
2 Knoblauchzehen (in feine Scheiben geschnitten)
2 Lauch (dünn, in feine Ringe geschnitten)
50 g Champignons (blättrig geschn.)
30 g Haselnüsse (grob gehackt)
1 Zweig Rosmarin (Nadeln fein gehackt)
2 El. Armagnac
1 El. Butter

Kartoffelschaum

150 g Kartoffeln
500 ml Sahne
200 ml Milch
100 g Haselnüsse (geröstet, grob geh.)
30 ml Haselnussöl
Salz und Pfeffer (a. d. Mühle)
Muskatnuss

Nudossi®-Öl

1 El. Nudossi®
40 g Haselnussöl
20 g Olivenöl
Salz
Sellerieblätter (in Str. geschn.)

Außerdem

8 kleine Champignons (in Butter gebraten)
8 kleine Shiitake Pilze (in Butter gebraten)
Tropfen von Haselnussöl
Haselnüsse (frisch gerieben)
Haselnüsse (geröstet)
Baby-Spinatblätter (mit Balsamico-Essig mariniert)

Zubereitung

Entenbrüste mit Salz und Pfeffer würzen und von allen Seiten im heißen Öl anbraten. Am besten mit der Hautseite beginnen für ungefähr eine Minute, danach die Fleischseite für 30 Sekunden. Nun die Entenbrüste auf ein Gitter legen und für 4 Minuten in den 170 Grad heißen Ofen schieben, dann herausnehmen und weitere 5 Minuten ruhen lassen. Danach auf der Hautseite goldbraun braten, bis sie leicht kross sind, Entenjus dazugeben, schnell reduzieren und mit Butter aufmontieren.
Zwischenzeitlich das Gemüse in Butter goldbraun anbraten, dann die Haselnüsse dazugeben sowie den fein gehackten Rosmarin. Mit Armagnac ablöschen und glasieren.
Für den Kartoffelschaum die Haselnüsse mit der Milch am Vortag fein mixen und über Nacht durchziehen lassen. Am nächsten Tag die Kartoffeln kochen und mit der Sahne, die Haselnussmasse verschneiden und mit Salz, Haselnussöl, Pfeffer und Muskat abschmecken. Für das Nudossi®-Öl alles miteinander verrühren.

Anrichten

Einen guten Löffel vom Lauchgemüse in die Mitte des Tellers geben. Die Entenbrust aufschneiden und auf das Gemüse setzen. Danach den aufgemixten Kartoffelschaum angießen und die Spinatblätter anlegen. Mit den gerösteten Pilzen und Haselnüssen garnieren. Zum Schluss das Öl, ein paar Tropfen Sauce und frisch geriebene Haselnüsse auf dem Teller verteilen.

Cranberry-Nudossi®-Shake

Zutaten für 4 Portionen

80 g	Cranberrys (Kompott, Abtropfgewicht)
100 g	Nudossi®
800 ml	frische Vollmilch
12	Kugeln Vanille-Eis
8 Bl.	frische Zitronenmelisse o. Pfefferminze
1	Sternfrucht (Karambola)

Cranberrys per Stabmixer im hohen Gefäß kurz zerteilen. Dann acht Kugeln Eis, Nudossi® und Milch hinzugeben, mit dem Mixer etwa zwei Minuten lang schaumig verquirlen. Den Shake z. B. in vier Longdrink-Gläser füllen. Vorsichtig je eine Kugel Vanilleeis oben draufgeben. Blätter von Zitronenmelisse oder Minze (am besten im Topf kaufen) auf die Eiskugel garnieren. Den Rand der Gläser mit einer dünnen Scheibe der geschnittenen Sternfrucht dekorieren. Mit Strohhalm und Eislöffel servieren.

Orangen-Haselnuss-Quark

Zutaten für 4 Portionen

800 g Speisequark (Magerstufe)
160 g Nudossi®
5 Orangen

Quark und Nudossi® in einer tiefen Schüssel mit einem Rührgerät gut vermischen. Zwei Orangen teilen und die Hälften auspressen. Die drei anderen Orangen schälen, in kleine Stücke schneiden (vorher zwei mittige Scheiben zur Seite legen). Den Saft in die Quarkspeise mixen. Schichtweise Quarkmasse und Orangenstückchen in Gläser oder Kompottschüsseln füllen. Jede Portion mit einer Orangen-Haselnuss-Quark-Rosette und einer halben Orangenscheibe garnieren. Wer es süßer und sahniger liebt, sollte mehr Nuss-Nougat-Crème und Speisequark mit höherem Fettanteil verwenden.

Scharfer Schokotrunk

Zutaten für 4 Portionen

100 g	Nudossi®
500 ml	Vollmilch (3,5 % Fett)
2	Eigelb
100 ml	Schlagsahne
1/4 Tl.	Zimt, gemahlen
1/2 Tl.	Chili, gemahlen
1 El.	Eierlikör
1 El.	Schokoraspel

Milch erwärmen und unter Rühren Nudossi® zugeben, alles zum Kochen bringen. Eigelb kräftig mit Zimt und Chili verquirlen und in die heiße, jedoch nicht mehr kochende Schokolade mixen. Wenn an der Oberfläche ein wenig Öl erscheint, spricht dies nur für die vorzügliche Qualität der Haselnüsse im Nudossi®. Auf die Schokolade ein Schlagsahnehäubchen mit Eierlikörtropfen und Schokostreusel garnieren.

Köstliche Tradition in Sachsen bewahrt

Das Ende der Dresdner Süßwarenfabrikation

Den Frauen und Männern der Brigade „Ernst Thälmann" im „VEB Dresdner Süßwarenfabriken Elbflorenz" verschlug es den Atem, als sie am Samstag, dem 31. März 1990, die „Sächsische" aufschlugen. Aus der Zeitung, die im Dezember noch Organ der Bezirksleitung Dresden der Sozialistischen Einheitspartei Deutschlands (SED) gewesen war und sich jetzt „Sozialistische Tageszeitung" nannte, erfuhren sie, was ihnen bevorstand: Montag erhalten 300 von 530 Belegschaftsmitgliedern den Kündigungsbrief, für den Rest gibt es auch kaum Zukunft in der Firma!

Außer sonntags wurde bis zuletzt in drei Schichten rund um die Uhr gearbeitet. Sogar die Rentner mussten mithelfen. Seit Jahren hatte die Brigade trotz 5-Tage-Arbeitswoche jeden Samstag an der Kakaopresse, im Conchensaal, am Kontikneter, an den Fondantanlagen, in Bonbonwickelei und Packerei geschuftet – damit der „Plan" erfüllt wird und das eigene Konto stimmt. Die Schichtleiter brachten es mit Überstunden auf über 1000 DDR-Mark. Fast täglich kamen Laster mit Kakao aus Ghana und von der Elfenbeinküste, mit türkischen Haselnüssen oder 50-Kilo-Säcken Rohrzucker aus Kuba. Von den „Silva-Bonbons", den zerlegbaren Äpfeln, von „Apfelkorn-Pralinen", den bunten gefüllten Dragees oder Schokoladen-Blumen konnte „Elbflorenz" nie genug produzieren. Und dann das Marzipan-Sortiment! Es war der Exportschlager des Betriebes. Marzipanbrote und -kartoffeln, die kunstvoll dekorierten Marzipan-Früchte. Ihre schillernde Verpackung brachten die Lübecker Firmen selbst mit. Aber die Rezepturen, das Handwerk, aus süßen und bitteren Mandeln, aus Aprikosen-, Hasel- oder Walnusskernen mit Zucker und Kartoffelstärke die weißen oder bräunlichen Massen zu zaubern, das Verzieren – all das wurde in Dresden gemacht. Ständig standen Speditionen auf dem Hof, holten sogar Rohmasse ab. 1983 allein 1000 Tonnen für 2,5 Millionen Valuta-Mark!

Mitte der 1980er-Jahre war noch die Nudossi®-Produktion ins Dresdner Haupt-Werk verlagert worden. Nach zahlreichen Versuchen und dem „Neuerervorschlag Nudossi®-Technologie" wurde die Nuss-Nougat-Crème durch Nugamin-Öl so

Die Schokoladenfabrik „Elbflorenz" existierte bis 1990 und war einer der größten Süßwarenhersteller der DDR.

Frauen an einer Verpackungsmaschine der Abteilung Bonbonwickelei

Dieter Berger überwacht die Kakao-Presse. Bei „Elbflorenz" war der komplette Produktionsprozess von der Kakaobohne bis zur fertigen Schokolade in einer Firma vereint.

Blick in die Pralinenstrecke der Packerei

flüssig, dass sie durch die großen Maschinen nur so flutschte. Das hatte für heftigen Ärger gesorgt. Die Radebeuler Kollegen fühlten sich um ihre Erfindung betrogen, schimpften auf die Dresdner. Manche grüßten nicht einmal mehr bei der Weihnachtsfeier. Weder die SED-Parteisekretäre noch die BGL-Vorsitzenden konnten die erhitzten Gemüter besänftigen. Doch die flachen Radebeuler Hallen waren zu klein, um den Nudossi®-Ausstoß zu vergrößern. Außerdem hatte die allmächtige Kombinats-Leitung in Delitzsch entschieden, dass sich das ehemalige „Vadossi"-Werk auf Gelatine für Gummibären, Persipan- und Marzipanrohmasse spezialisieren muss.

Die Menschen hatten sich eingerichtet im ummauerten Land, gewöhnt an das Kauderwelsch der Partei-Losungen, die Bevorzugung der Genossen, den FDJ-Fasching, das Luftgewehrschießen beim Betriebssportfest und die Vorbeimärsche an SED-Bonzen zum 1. Mai. Genauso wie an Betriebsarzt, an die Wohnungen in der „Platte", die Warteschlangen, wenn es Bananen oder Radeberger Bier gab, an Betriebskindergarten, Betriebsferienheime, Betriebsküche, ihre „Elbflorenz"-Fußballmannschaft.

Und irgendwie hingen sie alle an ihren Jobs, der großen süßen Tradition, die bei „Elbflorenz" bis 1870 zurückreichte. Dieter Berger, der 1958 als Konditor- und Schokoladenfacharbeiterlehrling anfing und es zum Schichtmeister von 18 Frauen und Männern brachte: „Wir freuten uns seit Herbst 1989 auf die Freiheit, auf das geeinte Deutschland. Doch dass die Marktwirtschaft uns über die Klinge springen lässt – damit rechneten wir nicht. Viele waren verzweifelt, ganz besonders die älteren Leute und die Frauen."

Nach Weihnachten hatte sich die Misere angekündigt: „Bundesdeutsche Händler fluteten mit ihren Waren den DDR-Großhandel", so Dieter Berger. „Als auch die DDR-Bürger ‚Elbflorenz'-Produkte links liegen ließen, wurden unserer Firma alle Verträge gekündigt. Ich selbst bin in letzter Not mit einem LKW in die Dörfer und Kleinstädte des Erzgebirges gefahren, habe Kisten voll Schokoladen-Ostereier und ‚Schocarres', die Ost-Schogetten, auf Marktplätzen verkauft. Doch das rettete uns nicht. Es fehlte an Geld für Rohstoffe und für Löhne. Keine Bank gab einen Pfennig Kredit. Lange vor der Währungsunion am 1. Juli 1990 waren der letzte Sack Kakao, die letzten Haselnüsse verarbeitet – da schalteten wir die Maschinen ab."

Seit der politischen Wende hatte es Bestrebungen gegeben, für den „VEB Süßwarenfabriken Elbflorenz“ Partner zu finden oder ihn zu verkaufen. Doch die dafür geeigneten Branchen-Unternehmen, auch die Nachkommen der Familien Hartwig und Vogel, lehnten ab.
Die verbliebenen Mitarbeiter wählten Berger 1990 zum Betriebsrat: „So fuhr ich zum letzten DDR-Minister für Ernährung, Landwirtschaft und Forsten. Der sagte nur: ‚Schön, dass Sie mich besuchen. Aber Sie brauchen sich keine Mühe zu geben. Wir können nichts mehr ändern.‘ Die Treuhand hatte das ganze Betriebsgelände einem Investor versprochen. Der plante hier ein gigantisches World-Trade-Center. Zugegeben, unsere Firma sah von außen fast wie eine Ruine aus. In der DDR gab es kaum Geld, die Fassaden zu streichen. Und wenn es reinregnete, wurde mit geteerter Dachpappe abgedichtet. Doch wir hatten gerade nagelneue Maschinen bekommen …“

Kunstvoll verzierte Marzipanfrüchte waren auch in der Bundesrepublik begehrt.

Das exquisite Pralinensortiment von „Elbflorenz“

„Silva“-Bonbons mit Frucht- oder Nussfüllung in Weißblechdosen

Aufsehen erregten immer wieder die Schokoladenblumen.

Ab 1. Juli 1990 gehörte Berger noch zu dem kleinen Häuflein, das die eigene Firma demontieren, entkernen und abreißen „durfte“: „Die Schweizer, die uns 1988 modernste Verpackungsmaschinen aufgestellt hatten, ließen sie auf Hochglanz trimmen und montierten sie zum Weiterverkauf ab. Dann tauchte ein Amerikaner auf, der historische Maschinen wie Briefmarken sammelte. Dem quollen z. B. bei unserem 100 Jahre alten Kneter vor Begeisterung fast die Augen über. Schnell ließ er unsere Technik-Antiquitäten mit Containern abtransportieren. Kaum waren die Hallen leer, rückten Abrissbagger an.“
Als der 1,76 Meter kleine Dieter Berger mit den stahlblauen Augen am 30. September 1991, seinem letzten Arbeitstag bei der „Elbflorenz Grundstücksgesellschaft mbH“, den Schreibtisch räumte, nahm er den Inhalt in zwei Dederon-Stoffbeuteln mit nach Hause in die Ein-Raum-Wohnung an der Prager Straße. Und er schmunzelt noch heute, wenn er daran denkt: „In einer Tüte verstaute ich die Wanderfahne für beste Kollektive, die DDR-Ministerrat und FDGB-Bundesvorstand unserer Firma 1976 verliehen hatten. Weil wir 90 Tonnen Schokoladenerzeugnisse zusätzlich produziert hatten. In der anderen befanden sich zwischen alten Papieren und meinem Arbeitszeugnis die nun wertlosen Rezepte z. B. für Nudossi® und Naschi, welche ich immer griffbereit in der Schublade hatte …“

Konditoren-Dynastie rettet beliebte Ost-Marke

Auf diese Nudossi®-Dose von 1968 ist Geschäftsführer Karl-Heinz Hartmann besonders stolz. Als er 1997 die Wiedergeburt der Nuss-Nougat-Crème verkündete, bekam er diese von einem ehemaligen Vadossi-Mitarbeiter.

Eigentlich war es ein Scherz von Konditormeister Karl-Heinz Hartmann (geb. 1950). Doch die im Oktober 1997 beiläufig zu einer Pressekonferenz in der Radebeuler Vadossi®-Bäckerei aus dem Mund gerutschten fünf Worte „Klar, Nudossi® kommt auch wieder!“ lösten eine Lawine aus.

Wenn Karl-Heinz Hartmann an diesen schicksalsvollen Tag denkt, der sein Leben so veränderte, spürt er noch heute einen Schauer: „Wir sprachen über unseren berühmten Dresdner Christstollen sowie eine Backmischung zum Selberbacken der Dresdner Köstlichkeit. Da lenkte plötzlich ein Reporter das Thema auf die alte DDR-Nuss-Nougat-Crème Nudossi®, die hier mal vor Jahren produziert wurde. Ich war so perplex, dass ich mich zu diesem bedeutungsschweren Satz hinreißen ließ, dessen Tragweite ich erst am nächsten Morgen sah. Da waren die Zeitungen voll von meiner Ankündigung!“ Und eines war ihm sofort klar: Will man seine Glaubwürdigkeit behalten, gibt's kein Zurück. Da heißt es in die Hände spucken, Risiken in Kauf nehmen, alles auf eine Karte und die ungewöhnlichsten Hebel in Bewegung setzen. So wie er und seine Ahnen aus ehrbarer sächsischer Bäcker- und Konditoren-Dynastie es seit dem Kaiserreich immer wieder gemacht hatten.

Großvater Karl Gustav Hartmann (1884–1967) war der Erste. In Blasewitz (heute Dresden) als Sohn eines Maurers geboren, hatte er in der sächsischen Residenz bis 1901 Konditor gelernt, 1905 Anna Selma Dietrich (1884–1964) aus Niederspar bei Meißen zum Altar geführt und am 1. April 1911 auf der Krönertstraße 10 in Deuben (heute Freital) die eigene Bäckerei eröffnet. 1919 vergrößerte der tüchtige Mann sein Unternehmen und eröffnete an der Dresdner Straße 188, in unmittelbarer Nachbarschaft zum Straßenbahnhof, seine berühmte Konditorei. Bis ins hohe Alter rührte er Teige, kochte Schokolade, verzierte Marzipan. Erst ein Schlaganfall während des Urlaubs im Ostseebad Kühlungsborn setzte seinem schaffensfrohen Leben ein Ende.

Sein Sohn Erhard (1908–1957) bestand 1926 in Pirna die Konditorlehre. Nach Beinverletzung bei der Infanterie erlebte er das Kriegsende in Freital und heiratete 1949 Annalies Thümmler (1925–2011). Ein Jahr später wurde ihnen Sohn Karl-Heinz geboren. Der Kleine war gerade sieben Jahre alt, da starb der Vater während einer Gallen-Operation. Mutter Annalies stand plötzlich mit ihrem Jungen, den betagten Schwiegereltern und der Konditorei (sechs Beschäftigte) alleine da: „Obwohl alle Welt sagte, dass ich als schwache Frau das nie im Leben packen würde, wollte ich den Betrieb unbedingt für den Sohn erhalten und habe gekämpft." Das größte Problem: Sie war weder gelernte Bäckerin noch Konditorin, hatte einen Gesellenbrief als Werbegehilfin im Fleisch- und Wurstgarnieren. Doch als die Behörden ihren unbeugsamen Willen sahen, ließen sie die 34-Jährige 1959 zum Konditormeister-Lehrgang zu. Für Annalies Hartmann war das keine leichte Zeit: „Früh, 5 Uhr, stand ich in der eigenen Backstube, 8 Uhr machte der Laden auf. Dann fuhr ich zu Konditormeister Vogel, meinem Lehrmeister, nach Radebeul und studierte abends noch die Lehrbücher." Als erste Frau des Kreises legte sie 1961 mit Erfolg die Prüfung als Konditormeister ab. Und machte als Meisterin der süßen Kunst „Konditorei & Café Hartmann" zu einer Institution im Elbtal. Von überall her strömten die Kunden, manchmal stand eine 20 Meter lange Schlange vor dem Geschäft: „Eine unserer Spezialitäten waren die ‚Holländer Schnitten' aus Blätterteig mit Kirschfüllung und ganz dick Schlagsahne drauf für 1,28 DDR-Mark. Jeden Tag haben wir in der Saison 300 Obsttorten hergestellt, dazu dutzende Bleche mit Dresdner Eierschecke, Streuselkuchen, Bienenstich, Pflaumenkuchen, Heidelbeerkuchen …" Renner waren auch die mit Schokolade überzogenen Bananen (100 Gramm eine Mark) sowie die Quarktaschen für 45 Pfennige. Am 1. April 1986 übergab die couragierte Frau das Geschäft (850 000 Mark Jahresumsatz) an Sohn Karl-Heinz, der auf eine Karriere als Biathlet verzichtet hatte und Konditormeister geworden war. Bis zu ihrem Lebensende Weihnachten 2011 war Annalies Hartmann die gute Seele der Firma. Selbst wenn sie Herzbeschwerden plagten, experimentierte Oma Hartmann in der häuslichen Küche an neuen Spezialitäten. Und gab es nicht gerade Boxkämpfe im Fernsehen oder spielte sie nicht Rommé, surfte die über 80-Jährige gern im Internet. Eine ganze Produktpalette, die heute unter dem eingetragenen Markenzeichen Oma Hartmanns® verkauft wird, hält die Erinnerung an sie wach. Karl-Heinz Hartmann: „Mutter ist auch unsere erfolgreiche Spezialität ‚Kalter Hund' zu verdanken, deren Fangemeinde seit Jahren wächst."

Annalies Hartmann 2011 in ihrer Experimentier-Küche. Nach ihr ist eine ganze Gruppe von Produkten benannt.

Ihr Sohn erwarb sich schnell Ansehen unter der Handwerkerschaft, wurde zum Vorstand der Einkaufs- und Liefergenossenschaft des Bäcker- und Konditorenhandwerks im Kreis gewählt, die 1990 mit anderen fusionierte und heute zur BÄKO Ost eG gehört. Durfte er bis zur Wende lediglich 13 Arbeitskräfte beschäftigen, wuchs das Unternehmen nach 1991: 17 eigene Filialen, 89 Mitarbeiter, Zweigwerk mit 58 Angestellten im tschechischenDěčín, ein weiteres in Chemnitz. Mit Dresdner Christstollen belieferte man wichtige Kundenkreise, die von Hamburger Märkten bis zur Lufthansa reichten.

Wegen neuer Verkehrsplanungen der Stadt Freital musste die Konditorei vom Ursprungsort weichen. Karl-Heinz Hartmann begriff die Gunst der Stunde, kaufte mit der Entschädigungssumme für den Grundstücksverlust 1995 die ehemalige Radebeuler „Vadossi"-Fabrik samt Markennamen aus der Konkursmasse. Der einstige Traditions-Betrieb war nach der Wende als „Vadossi GmbH" in die Hände des Bremer Handelshauses Frantz Kragh (Trockenfrüchte und Süßwaren, Vertrieb von Maschinen) gekommen. Dieser Unternehmung – es wurde vor allem Marzipan- und Persipan-Rohmasse zum Weiterverkauf an Großabnehmer hergestellt – war jedoch kein Glück beschieden. 1994 musste Konkurs angemeldet werden.

Karl-Heinz Hartmann und Sohn Thomas (geb. 1970) – in vierter Generation Konditormeister – starteten als gleichberechtigte Geschäftsführer die Produktion unter dem Namen „Firma Hartmann – Sächsische Spezialitäten Radebeul", rekonstruierten die alte Firma komplett und waren gerade ein florierender mittelständischer Bäcker- und Kondi-

Großmutter Anna Selma Hartmann (1884 – 1964) und Sohn Erhard (1908 – 1957) im Jahre 1915

Annalies (1925 – 2011) und Erhard Hartmann mit Sohn Karl-Heinz im Jahre 1954

torbetrieb, als sie 1997 quasi über Nacht mit Nudossi® konfrontiert wurden. Hartmanns standen jetzt vor einer außergewöhnlichen, in der Branche einzigartigen Situation. Denn die durch Zeitungen und Rundfunk aufgeweckten Verbraucher im Osten lechzten förmlich nach ihrer alten Nuss-Nougat-Crème. Die mit so unheimlich viel sozialer Energie aufgeladene Marke wurde zum Selbstläufer. Nicht die Hartmanns mussten von Markt zu Markt, von Handelskette zu Handelskette laufen und ihr Produkt anpreisen, sondern der Handel rannte ihnen plötzlich die Firma ein, wartete nur noch auf den Auslieferungs-Termin: „Alles musste blitzschnell gehen. Über einen Onkel stieß ich auf den ‚Elbflorenz'-Schichtleiter Dieter Berger, der das Nudossi®-Rezept gerettet und seit 1991 in seiner Wohnung aufbewahrt hatte", erzählt Karl-Heinz Hartmann. „Die Markenrechte allerdings waren im Besitz des Mitteldeutschen Rundfunks (MDR), welcher sie sich für ein nie realisiertes Kinderprogramm gesichert hatte. Nach zähen Verhandlungen konnten sie im Februar 1998 gekauft werden. Das nächste Problem waren Plastikbecher. Weil es so kurzfristig keine Angebote gab, nutzten wir jene vom Bautz'ner Senf und begannen am 23. März 1998, Nudossi® zu produzieren."
Vom Punkt Null erzielte man innerhalb des ersten Jahres schon 18 Prozent Marktanteil bei Nuss-Nougat-Crèmes zwischen Ostsee und Erzgebirge. Jährlich wuchsen die Umsätze um rund eine Million Euro. „Naschi" (mit Kokosraspeln) und die Milch-Kakao-Crème „Nu Pagadi" (zu deutsch „na warte", nach einer russischen Zeichentrickserie benannt, in welcher ein Wolf den Hasen jagt) kamen hinzu. Nachdem eine Band namens „Nu Pagadi" nach der

Prüfungs-Zeugniß.

Der Bäckerlehrling
Karl Gust. Hartmann
geb. den 25ten April 1884 zu [illegible]
welcher vom 15ten April 1898 bis 3ten Mai 1901
bei dem Meister [illegible] in [illegible]
das Bäckerhandwerk erlernte, hat dargethan, daß er die im Bäckergewerbe erforderlichen Handgriffe und Fertigkeiten mit genügender Sicherheit ausübt, und vor dem unterzeichneten Ausschuß seine Prüfung gut bestanden.
Dresden, den 3ten Mai 1901

Der Prüfungs-Ausschuß.
Eduard Breuer
Vorsitzender.

Lehr-Brief.

Der Bäckerlehrling
Karl Gust. Hartmann
geb. den 25ten April 1884 zu [illegible]
wurde auf Grund des Prüfungs-Zeugnisses heut vor versammelter Innung zum Gesellen gesprochen und zu Urkund dessen ihm dieser Lehr-Brief unter Beidrückung unseres Innungssiegels ausgefertigt.
Dresden, den 3ten Mai 1901

Der Vorstand der Bäcker-Innung
zu Dresden.
Eduard Breuer
Obermeister.

Inhaber hat das Arbeitsbuch Nr. 1550 erhalten.

Gesellen-Brief des Großvaters Karl Gustav Hartmann (1884 – 1967) vom 3. Mai 1901

Casting-Show „Popstars" beim TV-Sender ProSieben für einige Monate Furore machte, orderten 2005 erstmals auch westliche Supermärkte die Crème. Im Sommer 2005 geriet die seit Jahren vom Erfolg verwöhnte Firma ins Schlingern. Die Gründe reichten drei Jahre zurück. Karl-Heinz Hartmann: „2002 ging unser Děčíner Werk in gurgelnden Elb-Strudeln der Jahrtausendflut unter. In letzter Not konnten wir alle Maschinen über die Grenze nach Radebeul evakuieren. Dann fiel ein Großzulieferer von Rohmassen weg und gleichzeitig stieg nach der schlechten Ernte 2004 in der Türkei der Haselnusspreis um das Dreifache. Wir dachten ans Verkaufen. Ein großer Lebkuchenhersteller aus dem Westen hatte bereits einen zweistelligen Millionen-Betrag für Nudossi® geboten. Da strich uns mitten in den

Geschäftsführer Thomas Hartmann (links) mit Mitarbeitern der Firma bei einem Haselnuss-Experiment. Er leitet das Familienunternehmen bereits in vierter Generation.

Verhandlungen die Hausbank die Kreditlinie. Dabei hatte sie uns seit Jahren Kredite u. a. für die Stollen-Zutaten gewährt. Trotz Aufträgen in Höhe von zwei Millionen mussten wir im Sommer schweren Herzens Insolvenzantrag stellen. Ich bin in die Ministerien und von Partei zu Partei gerannt – die zuckten alle nur mit den Schultern. In so einer Zeit findet man eben ganz wenig Freunde ..."

Ein Aufschrei ging damals durch den Osten. „Wir wollen unser Nudossi® wiederhaben", schrieb eine neunköpfige Familie aus Meerane. „Wie soll meine zweijährige Tochter ohne Nudossi® groß werden?", fragte eine verzweifelte junge Mutter aus Schwerin. Es gab Hamsterkäufe von Fans, bei Ebay wurden für den „allerletzten" 200-Gramm-Becher Nudossi® 9,50 Euro geboten. Auf der Firmen-Hompage war über Wochen der Teufel los: „Wir registrierten täglich bis zu 12 000 Seitenzugriffe, bekamen Tausende Durchhalte-Mails. Sogar Spenden gingen jeden Tag ein, die wir natürlich sofort zurücküberwiesen. Es gab auch Trittbrettfahrer wie einen aus der Nähe von München. Der richtete eine angebliche Nudossi®-Spenden-Webseite ein und sammelte Geld, von dem wir nie einen Cent sahen", so Karl-Heinz Hartmann. Und wieder paarten sich Glück und Tüchtigkeit, hielt die Familie durch. Der Insolvenzverwalter, ein exzellenter Praktiker, vertraute Nudossi® und den Hartmanns, beauftragte sie weiter mit der Geschäftsbesorgung. Gleichzeitig wurde die Firma verschlankt, stimmte die Gläubigerversammlung dem Insolvenzplan zu. Die Retter von Nudossi® fanden nun selbst einen Rettungsengel, der ihnen die Weiterführung des Lebenswerkes ermöglichte. Karl-Heinz Hartmann: „Ein Freund und Multimillionär lieh meiner Frau 800 000 Euro. Damit kauften wir 2007 den schuldenfreien Betrieb aus der Insolvenzmasse zurück, konnten mit klarem Kopf und sehr viel Engagement neu durchstarten."

Wenn der Senior-Chef in Stimmung ist, verrät er bei Betriebsführungen manchmal etwas von der bewegten Geschichte. Dann genießt er die staunenden Blicke der Besucher aus Ost und West. Genauso, wenn er erzählt, wie dem polnischen Papst Nudossi® schmeckte oder dass die 36 Prozent Haselnüsse in seiner Crème vor allem einer trügerischen DDR-Hoffnung zu verdanken waren. Man glaubte tatsächlich, von den „Brüdern und Schwestern aus der Sowjetunion" preiswert ganze Eisenbahnzüge Schwarzmeer-Haselnüsse zu bekommen. Viele Besucher fasziniert auch, dass die Firma mit ihrem Geld das Nachwuchs- und Talentezentrum des Fußballvereins Blau-Weiss Stahl Freital unterstützt – dessen größte Koryphäen zum Bundesligaverein Dynamo Dresden kommen!

Harte Nuss – beim Öko-Test siegt der Nud-„Ossi“

Die gestrengen Tester des Verbrauchermagazins „Öko-Test“ staunten im Frühsommer 2009 nicht schlecht, als die Zahlenkolonnen mit den Ergebnissen unbestechlicher Fachlabors vor ihnen lagen: Unter den 22 getesteten Nuss-Nougat-Crèmes schnitt Nudossi® mit 36 Prozent Haselnüssen aus dem sächsischen Radebeul bei Dresden gemeinsam mit Bio- und Fairtrade-Produkten am besten ab. Dass die Qualität der Crèmes bei den Inhaltsstoffen stark differiert, war anhand der Testreihe unübersehbar. Mehr als die Hälfte der süßen Frühstücksaufstriche erreichten gerade mal „ausreichend“, „mangelhaft“ oder gar „ungenügend“. Das „sehr gut“ für Nudossi® überraschte umso mehr, als Marktführer Nutella® unter Berücksichtigung aller Faktoren nur die Bewertung „gut“ erhalten konnte. Nicht nur der sensationell hohe Haselnussanteil und die köstliche Komposition der guten Zutaten katapultierte die seit 1968 hergestellte Traditions-Crème an die Spitze. Fachexperten würdigten auch, dass Nudossi® gänzlich ohne Aromastoffe und ohne gentechnisch verändertes Sojalecithin auskommt, die hochsensible Labortechnik nicht einmal winzigste Spuren des Schwermetalls Cadmium fand.

Die Medien-Resonanz auf das Juni-Heft von „Öko-Test“ war überwältigend: „DDR-Creme besser als Nutella“, „Ostdeutscher Haselnussaufstrich über Westniveau“, „Nudossi® für alle“, „Auf einmal essen alle lieber Nudossi®“ lauteten die genussvollen Schlagzeilen euphorisch.

Geschäftsführer Thomas Hartmann freut sich: „Endlich schmeckten wir auch dem Westen, begeisterten sich die Menschen zwischen Kiel und München für unseren Brotaufstrich. Dank ‚Öko-Test‘ haben wir es quasi amtlich bestätigt, dass die einstige ‚Nutella der DDR‘ ein Top-Produkt ist, keinerlei Vergleiche scheuen muss und mit dem Haselnussanteil wirklich handfeste Vorteile gegenüber Mitbewerbern bietet. Seitdem verkaufen wir mehr denn je.“

Titelseite des Verbrauchermagazins „Öko-Test“, das Nudossi® 2009 die Bestnote „sehr gut“ gab

Chocolatiers verraten den Haselnuss-Code!

Für den morgendlichen Hochgenuss aus dem Nudossi®-Becher arbeiten unzählige fleißige Menschen, sind unheimlich viel Erfahrung und modernste Technik nötig. Doch alles beginnt in den unendlich weiten Kakaoplantagen Afrikas, in den grünen Haselnussgärten und -wäldern der Türkei.

Der 10 bis 15 Meter hohe Kakaobaum wird in den Pflanzungen durch regelmäßigen Schnitt bei fünf bis acht Metern gehalten. In der verzweigten Krone bewegen sich die immergrünen, etwa 25 Zentimeter langen Blätter im leichten Wind. Alle Blüten, kaum 15 mm klein und rosarot, sprießen an starken Zweigen und dem Stamm. Es gehört zu diesem Wunder der Natur, dass der Baum das ganze Jahr hindurch blüht, gleichzeitig unreife und reife Früchte tragen kann. Denn entlang dem Tropengürtel (zwischen 15. Grad nördlicher und südlicher Breite) – wo der Kakaobaum sich am wohlsten fühlt – gibt es ein feuchtes, regenreiches Klima von durchschnittlich 25 Grad Celsius und keinen Wechsel von kalter und warmer Jahreszeit. Die 10 bis 25 cm langen Früchte sind gelb oder rot gefärbt, melonenähnlich geformt und besitzen eine derbe, warzige Schale. Jede enthält 25 bis 50 mandelförmige Samen, umhüllt von einem säuerlichen Fruchtmus. Etwa ab dem fünften Jahr liefert der Baum, der vielen pflanzlichen und tierischen Schädlingen ausgesetzt ist und gute Pflege sowie Düngung benötigt, 25 bis 40 Jahre lang jährlich ein bis zwei Kilo trockene Samen.

Die Kakao-Ernte erfolgt mit speziell geformten Messern, die häufig auch an langen Stangen befestigt sind. Diese Methode schont Blüten und unreife Früchte.

Bei der Ernte werden die reifen Früchte vom Baum abgeschnitten und durch Aufschlagen bzw. Aufschneiden geöffnet. Man entnimmt die vom Fruchtfleisch umgebenen Samen und schafft diese in Gärhäuser, wo die Rottung bzw. Vergärung unter gelegentlichem Umschaufeln drei bis sieben Tage lang in Körben, großen Holzbehältern oder Zementtrögen stattfindet. Während man die Bohnen bedeckt und sich selbst überlässt, entsteht im Fruchtmus ein lebhaftes Wachstum von Hefen und Bakterien. Alles erwärmt sich auf 50 Grad, wird keimunfähig. Während das Fruchtmus abfließt, spielt sich im Inneren der Samenkerne jene Veränderung ab, die Samen zur Schokoladenherstellung brauchbar macht. Danach werden die Samen entweder erst gewaschen oder sofort getrocknet. Am besten in der Sonne, aber meist auf Tennen,

Beim Aussamen schlagen die Plantagenarbeiter die Früchte auf und entfernen die Samen mit dem Fruchtfleisch aus den Fruchtschalen.

Trockenböden oder z. B. auch in beheizbaren Trockenkammern und Maschinen.

Die Haselsträucher oder -bäume sind in der Regel fünf bis sechs Meter hoch (in Nordamerika bis 15 Meter) und erreichen ein Alter zwischen 80 und 100 Jahren. Eigentlich wachsen sie in gemäßigten Gebieten der ganzen Nordhalbkugel bis 1500 Meter über dem Meeresspiegel. Bayern und Baden-Württemberg haben seit dem Jahr 2000 sogar wieder gewerbliche Hasel-Pflanzer, die 2010 allein im Freistaat Bayern rund 300 Hektar bewirtschafteten. Doch fast drei Viertel der Weltproduktion stammen aus der türkischen Schwarzmeerregion. Dort wird vor allem die Lambertshasel angebaut. Diese Hasel hat sowohl weibliche als auch männliche Blütenstände, die durch den Wind befruchtet werden und zur Blütezeit im Hochwinter (Januar und Februar) die charakteristischen Kätzchen ausbilden. Etwa ab dem zehnten Jahr haben die Sträucher ordentliche Erträge. Wo der maschinelle Einsatz (eine Art von Straßenkehrmaschine, welche Nüsse aufliest) nicht möglich oder üblich ist, wird bis heute noch sehr viel per Hand geerntet. Durch Trocknung (auf sechs Prozent Feuchte im Kern) erhalten die Nüsse vor dem Abtransport ihre langfristige Haltbarkeit.

In den Kakaopressen entsteht neben Kakaobutter dieser Presskuchen (5 cm dick, 45 cm Durchmesser), aus dem Kakaopulver hergestellt wird.

Von den Ursprungsländern gehen Rohkakao und Haselnüsse auf eine lange Reise. In Deutschland angekommen, werden die Kakaobohnen in Fabriken (z. B. von Fasern der Säcke, kleinen Steinchen etc.) gereinigt, geröstet, gebrochen und ganz fein gemahlen. Gewaltige Pressen trennen die Kakaobutter zudem vom Presskuchen, aus welchem das Kakaopulver wird. Für die Schokoladenproduktion folgen dann noch weitere Arbeitsschritte wie das Feinwalzen oder das Conchieren – dabei wird die Schokoladengrundmasse für die Verbesserung der Fließfähigkeit und der geschmacklichen Abrundung bei 30 Grad mitunter tagelang hin- und hergeschlagen.

In der hochmodernen Radebeuler Nudossi®-Anlage

Nach dem Fermentationsprozess trocknen die Kakaobohnen auf vielen Plantagen unter dem Licht der Sonne. Das verleiht ihnen einen harmonischen Geschmack.

Türkische Bäuerinnen trocknen ihre Hasel-Ernte unter freiem Himmel.

Lambertsnüsse am Haselstrauch. Die weltweit größten Haselgärten gibt es in der türkischen Schwarzmeerregion.

kommen pro Mischungsansatz 360 Kilo knackig frisch geröstete und wunderbar duftende Haselnüsse in die Aufschüttstation. Von dort geht es ganz schonend über eine Förderschnecke nach oben. Langsam rieseln die Haselnüsse in die Nussmühle, wo sie zu einer feinen Paste vermahlen werden. Diese wird in den gewaltigen Vorratstank (Fassungsvermögen 1500 kg) gepumpt. Weitere Zutaten werden vorbereitet: feiner Kakao (400 kg pro Stunde), hochwertiger Kristallzucker, bestes Milchpulver. Der Mischer verrührt den Kakao nun mit dem Zucker und dem Milchpulver. Dann wird alles mit ganz viel Haselnusspaste – 36 Prozent – komplettiert. Und schon transportieren starke Pumpen den Rezepturansatz vom Mischer in den Zirkulationstank. Über zwei Stunden bewegt sich die Masse immer wieder zwischen der 60 bis 80 Grad heißen Kugelmühle und dem Tank – dabei wird sie immer feiner gemahlen und schließlich zur Nuss-Nougat-Crème. Erfahrene Chocolatiers überwachen mit Sensoren- und Computerhilfe jeden einzelnen Schritt. Ständig werden Farbe, Feinheit und Geschmack der Crème geprüft. Erst wenn alle Parameter exakt dem geheimen Originalrezept entsprechen, gelangt sie in einen der Reifetanks. Hier verbleibt die Crème zwei Tage lang – um sich zu stabilisieren und den typischen Nudossi®-Geschmack zu bilden.

Und jetzt ist es auch an der Zeit, ein Geheimnis zu lüften, den Haselnuss-Code zu knacken und endlich die Frage aller Fragen zu klären: Wie viele Nüsse stecken wirklich in jedem 200-Gramm-Becher Nudossi®? Der Chef-Chocolatier hat dafür zwei Antworten – eine theoretische und die praktische! Entsprechen alle Haselnusskerne der Norm und haben exakt neun Millimeter Durchmesser, passen genau 127 vermahlene Haselnüsse in den 200-Gramm-Becher Nudossi®. Da sich die Natur bekannterweise nicht immer an die Normen hält, erbrachte eine Anfang 2012 erfolgte Zählung der im Vorjahr geernteten Nüsse Folgendes: 1950 Haselnusskerne ergaben ein Kilo. Demnach stecken in jedem Becher von Nudossi® sogar 140 vermahlene Haselnüsse!

Willkommen in der Manufaktur der Schokolade!

In den heiligen Hallen des Genusses von Vadossi® in Radebeul bei Dresden – ganz korrekt heißt die Marzipan- und Schokoladenfabrik ja heute Sächsische und Dresdner Back- und Süßwaren GmbH & Co. KG – duftet es nach Kakao, Kaffee und Karamell, nach Vanille, exotischen Gewürzen und frisch gebackenen Keksen. Gerade verfolgt eine Reisegruppe aus Österreich im Multimedia-Salon, wie Nudossi® entsteht. Zur gleichen Zeit beobachten Berufsschüler und Studenten aus Hamburg bei einer Führung die Arbeit an den Maschinen in der Verpackungshalle, bildet sich im Café und Werksverkauf, wo neben dem legendären Spitzenprodukt dutzende Spezialitäten aus Schokolade, edles Naschwerk, sahnefrische Torten und leckere Kuchen angeboten werden, eine kleine Warteschlange.

Seit 2011 baut das mittelständische Unternehmen seine Gläserne Manufaktur auf, gibt damit erstmals Einblicke in die über Jahrhunderte zurückver-

Hinter dieser Fassade der Radebeuler Marzipan- und Schokoladenfabrik Vadossi® warten Werksverkauf, Café und Gläserne Manufaktur auf Liebhaber süßer Naschereien.

Chocolatiers zeigen, wie aus allerfeinsten Zutaten die einzigartige Nuss-Nougat-Crème Nudossi® entsteht.

folgbare Schokoladen- und Süßwarenhistorie im Dresdner Elbtal, die traditionsreiche Unternehmens-Geschichte und lässt alle Interessenten teilhaben an der modernen Produktion von Nudossi®, Oma Hartmanns® „Kaltem Hund" oder vom weltberühmten Original Dresdner Christstollen®.
Wer möchte, kann im Schokoladen-Reich Chocolatiers und Zuckerbäckern bei der Arbeit über die Schulter schauen oder selbst kreativ werden. An manchen Tagen zeigt Junior-Chef Thomas Hartmann beim Haselnuss-Experiment sogar persönlich, wie viele Nüsse in die Nudossi®-Dose passen. Ob zu Führungen, Schauback- und Nuss-Nougat-Crème-Seminaren, Plätzchendekorieren für Kindergartengruppen oder der bei Jung und Alt beliebten „Vadossi®-Weihnachts-Wunderwelt" mit Märchenfiguren – ein Besuch lohnt immer! Zahlreiche Dankschreiben von großen und kleinen Fans sprechen sowohl für die exzellente Qualität als auch für das Vertrauen und die Sympathie, welche Verbraucher heute Vadossi®-Produkten entgegenbringen. Sogar Hollywood-Schauspieler Thomas „Tom" Jeffrey Hanks (geb. 1956, „Forrest Gump") interessierte sich bei seinem Blitzbesuch in Radebeul am Rande von Dreharbeiten 2011 für die erlesenen Köstlichkeiten Made in Germany.

Hollywood-Schauspieler Thomas „Tom" Jeffrey Hanks („Forrest Gump") vor dem Vadossi® -Regal im Radebeuler DDR-Museum

Zur Weihnachts-Wunderwelt von Nudossi® und Vadossi® pilgern jedes Jahr zur Adventszeit Tausende kleine und große Besucher in die Schokoladenfabrik.

Dresdner Stollen®, Konfekt und Kalter Hund

„Augustus-Schokolade“ in der edlen Schmuckdose von Elbflorenz®

„Naschi“ mit Sandmännchen und seinen Freunden

Oma Hartmanns® „Kalter Hund“ in der Nostalgiedose

Als Erbe der einzigartigen Dresdner Schokoladen- und Süßwarentradition sind heute unter dem Dach der Gourmet-Marke Vadossi® neben dem beliebten Nudossi® dutzende Premium-Spezialitäten vereint, von denen hier allerdings nur einige Erwähnung finden können.

Zur leckeren Nudossi®-Familie gesellen sich die Milch-Kakao-Crème „Nu Pagadi“, die an den Sandmännchen-Abendgruß der Kinder angelehnte Schokoladencrème mit Haselnüssen und Kokosraspeln „Naschi“ sowie „Mama Savanna“, der nussfreie Tuben-Brotaufstrich für unterwegs.

Die von Vadossi® liebevoll Stück für Stück nach dem überlieferten Original-Rezept und nur mit besten Zutaten von Meisterhand gebackenen Dresdner Christstollen® sind auf allen Kontinenten begehrt. Diese patentierte Weihnachts-Schlemmerei mit einer fast 700 Jahre zurückreichenden Geschichte, welche nur eine regional begrenzte Zahl von weniger als 150 Bäckereien herstellen darf, wird in Größen von 500 Gramm bis 2000 Gramm und ausschließlich mit den einzeln nummerierten, goldenen Qualitäts- und Schutzsiegeln verkauft.

Unter dem Qualitäts-Label Vadossi® stellt die Sächsische und Dresdner Back- und Süßwaren GmbH z. B. auch die „Dresdner Frauenkirchen-Oblaten“ her. Erstmals reichte man solche Oblaten 1640 im Kurort Karlsbad zum Verzehr. Durch ihre besondere Knusprigkeit und den feinen Geschmack der Champagner-Crème-Füllung findet diese ständig überwachte Kreation mit dem schönen Profil der prachtvollsten Kathedrale der evangelischen Christenheit viele Liebhaber.

Dass diese himmlischen Oblaten unter dem Schutz der Frauenkirchen-Stiftung gebacken werden – sie betreibt die 2005 in alter Pracht wieder aufgebaute Dresdner Frauenkirche –, bestätigt ein Siegel auf der Verpackung. Vadossi® steht auch auf einem nach Advent schmeckenden Winter-Konfekt mit Bratapfelfüllung.

Jeder Dresdner Stollen® wird gebuttert und mit Puderzucker bestäubt.

Es verwundert nicht, dass in Radebeul heute auch die Rechte der berühmten Marke Elbflorenz® für die Zukunft bewahrt bleiben. Der Konditoren-Familie Hartmann ist es zu verdanken, dass unter Elbflorenz® z. B. erlesene Tafelschokoladen und Pralinen wie die an den Sachsen-Fürsten August den Starken (1670–1733) und seine bekannteste Mätresse Anna Constantia Reichsgräfin von Cosel (1680–1765) erinnernde „Augustus-Schokolade" oder die „Feinen Cosel-Trüffel-Pralinen" vertrieben werden. Ebenfalls diverse Sorten „Stollen-Konfekt" und die begehrten „Stollen-Taler".

Zu einem Renner ist längst die an Konditorin Annalies Hartmann erinnernde Marke Oma Hartmanns® geworden. Sie findet sich als schokoladige Keks-Leckerbissen wieder. Den von ihr kreierten „Kalten Hund" gibt's z. B. als portionierte Torte, Mini-Riegel, Pausen-Snack sowie Brotaufstrich und als raffinierte Masse zum Selbermachen.

Wer sich für die Schokoladen-Welten von Nudossi®, Vadossi®, Elbflorenz® und Oma Hartmanns® interessiert, sei auf die Internet-Seiten www.nudossi.de und www.vadossi.de hingewiesen!

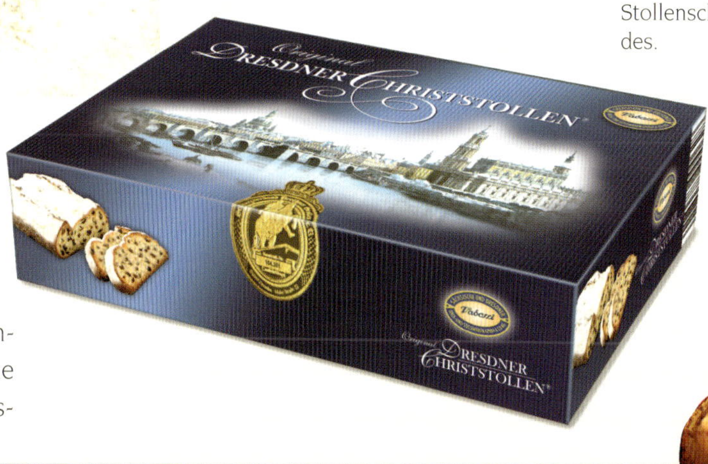

Alle Kartons tragen das Gütesiegel des Stollenschutzverbandes.

Quellen

Andert, Frank: Stadtlexikon Radebeul. Historisches Handbuch für die Lößnitz. – Große Kreisstadt Radebeul 2005

Bachmann, Manfred; Tinhofer, Monika: Osterhase, Nikolaus & Zeppelin. Schokoladenformen im Spiegel alter Musterbücher. – Husum Husum 1998

Beiträge zur Geschichte der Süßwarenindustrie in Dresden. – WIMAD e. V. Dresden 2000 (unveröffentl. Manuskript)

Benner, Miranda: Schokoladentechnologie im Wandel der Zeit. – TU Dresden Fakultät für Erziehungswissenschaften (Bachelor-Arbeit)

Beythien, A.: Warenkunde der Süßwarenwirtschaft. – Theobroma Berlin 2. Auflage 1950

Das große Nutella-Kochbuch. – Unipart Offenbach 1999

Fincke, H.: Kleines Fachbuch der Kakaoerzeugnisse. – Julius Springer Berlin 1936

Goeschke, Franz: Die Haselnuss – ihre Arten und ihre Kultur. – Paul Parey Berlin 1887

Groß, Emanuel: Die Haselnuß, ihre Kultur und wirtschaftliche Bedeutung. – Paul Parey Berlin 1902

Heinemann, Michael: Geschichte der Süßwarenindustrie der DDR. – Bundesverband der Deutschen Süßwarenindustrie IZS Bonn Leverkusen

Helfricht, Jürgen: 125 Jahre Dresdner Backspezialitäten 1876 – 2001. 10 Jahre Dr. Quendt Backwaren GmbH 1991–2001. – Dr. Quendt Backwaren GmbH 2001

Helfricht, Jürgen: Das Königliche Dresden. – Husum Husum 2011

Helfricht, Jürgen: Die Dresdner Frauenkirche. Eine Chronik von 1000 bis heute. – Husum Husum 7. Auflage 2010

Helfricht, Jürgen: Die Wettiner Sachsens Könige, Herzöge, Kurfürsten und Markgrafen. – Sachsenbuch Leipzig 4. Auflage 2007

Helfricht, Jürgen: Kleines ABC des Meissener Porzellans®. – Husum Husum 2011

Helfricht, Jürgen: Kleines Weimar-ABC. – Husum Husum 2008

Helfricht, Jürgen: Sächsisches Spezialitäten-Backbuch. Schlemmer-Rezepte von Dr. Quendt. – Husum Husum 5. Auflage 2011

Helfricht, Jürgen: Zauberhaftes Dresden. Silhouetten von Elbflorenz. – Husum Husum 2010

Helfricht, Karina; Helfricht, Jürgen: Die Jahrtausendflut 2002 in Sachsen. Husum Husum 6. Auflage 2003

Hessel, Uwe: VEB Dresdner Süßwarenfabriken „Elbflorenz". Arbeitsgruppe Industriegeschichte Stadtarchiv Dresden 2005 (unveröffentlichtes Manuskript)

Hochmuth, Christian: Globale Güter – lokale Aneignung. Kaffee, Tee, Schokolade und Tabak im frühneuzeitlichen Dresden. – UVK Konstanz 2008

Hoffmann, Heinz: Als privater Unternehmer in der DDR – eine Dresdner Firmengeschichte. – Sax Beucha 2003

Könemann, Ewald: Nußbau in allen Lagen. Verbreitung, Anbau, Pflege und Nutzung unserer heimischen Nußarten: Haselnuß, Walnuß, Mandel und Edelkastanie (Schalenobst). – Wilhelm Braumüller Wien 2. Auflage 1978

Langethal, E. L.: Deutsches Obstcabinet in naturgetreuen fein colorierten Abbildungen und Fruchtdurchschnitten. 3. Bd. Section 5. – Mauke Jena 1857

Ludwig, Jörg: Amerikanische Kolonialwaren in Sachsen 1700 –1850. – Leipziger Universitätsverlag Leipzig 1998

Männig, Jana: Lauter süße Sachen. Von Brockensplittern, Bambina & Hallorenkugeln. Die Schokoladenseite der DDR. – Verlag für die Frau Leipzig 2009

Merkel, Ina: Utopie und Bedürfnisse. Die Geschichte der Konsumkultur in der DDR. – Böhlau Köln Weimar Wien 1999

Pietsch, Ulrich (Hrsg.): Schwanenservice. Meissener Porzellan für Heinrich Graf von Brühl. – Edition Leipzig Berlin 2000

Pietsch, Ulrich; Banz, Claudia (Hrsg.): Triumph der blauen Schwerter. Meissener Porzellan für Adel und Bürgertum 1710–1815. – E. A. Seemann Leipzig 2010

Schuhmacher, Karl; Forsthofer, Leopold; Rizzi, Silvio; Teubner, Christian: Das große Buch der Schokolade. – Weltbild München 2007

Starke, Holger: Dampfchocolade, Neumünchner Bier, allerfeinster Korn und der Duft des Orients. In: Dresdner Geschichtsbuch. – DZA Altenburg 1 (1995), S. 121–127

Süßengut, Mario: Der kulinarische König. Essen und Trinken wie August der Starke. – Koehler & Amelang München Berlin 2002

Test 25 Marken Nuss-Nougat-Cremes. In: Öko-Test Nr. 6 Juni 2009, S. 22–29

Weber, J. M. Erich: Schule und Praxis des Konditors. – J. M. Weber Radebeul-Dresden 1927

Wolf, Birgit: Sprache in der DDR. Ein Wörterbuch. – de Gruyter Berlin New York 2000

Wolle, Stefan: Die heile Welt der Diktatur. Herrschaft und Alltag in der DDR 1971–1989. – Links Berlin 3. Auflage 2009

Zschiesche, Arnd; Errichiello, Oliver: Erfolgsgeheimnis Ost. Survival-Strategien der besten Marken – und was Manager daraus lernen können. – Gabler Wiesbaden 2009

Danksagung

Der Autor möchte auf diesem Wege den zahlreichen Persönlichkeiten und Institutionen danken, ohne deren freundliche Unterstützung – unter anderem durch Gespräche, Hilfe bei Recherchen, Fotos, Leihgaben und Ratschläge – dieses Buch nicht hätte entstehen können. Vor allem danke ich dem Honorarkonsul Spaniens, S.K.H. Alexander Prinz von Sachsen, Herzog zu Sachsen, der mich zu Azteken-Tempeln in Mexiko begleitete. Dem Sternekoch Dirk Schröer vom Bülow Palais Dresden, den Geschäftsführern Karl-Heinz und Thomas Hartmann sowie Konditor Jörg Schönlau von der Sächsischen und Dresdner Back- und Süßwaren GmbH & Co. KG, Frau Annalies Hartmann†, dem früheren Direktor für Materialwirtschaft und Absatz von „Vadossi", Herrn Günter Dreßler, dem selbstständigen Exportkaufmann Dr. Heinz Hoffmann, dem früheren Schichtleiter Schokoladenmassen-Herstellung bei „Elbflorenz", Herrn Dieter Berger, Dipl.-Ing. Uwe Hessel vom WIMAD e. V., Herrn Michael Andreas von der Malle GmbH, dem Stadtarchiv Radebeul und dem Info-Zentrum Schokolade, Leverkusen. Besonders herzlich danke ich meiner Frau Karina, die wertvolle Tipps für Rezepte gab, mehrere testete, meine zeitraubenden Recherchen ertrug und durch ihr Lektorat das Manuskript bereicherte.

Rezepte

Gebäck und Torten

Gourmet-Speisen

Getränke und Süßspeise

Inhalt

Umschlaggestaltung unter Verwendung von Motiven aus dem Buch. Vorsatz und Nachsatz Info-Zentrum Schokolade, Leverkusen

Bibliografische Information der Deutschen Nationalbibliothek

Die Deutsche Nationalbibliothek verzeichnet diese Publikation in der Deutschen Nationalbibliografie; detaillierte bibliografische Daten sind im Internet über http://dnb.d-nb.de abrufbar.

Fotos/Repros:
Fotografisch Juliane Mosteritz + Sven Claus 29, 31, 33, 35, 37, 39, 41, 43, 45, 47, 49, 51, 53, 55, 57, 59, 61, 63, 65, 67, 69, 71, 73, 75, 77, 79, 81, 83, 85, 87, 89, 91, 93, 95, 96, 97, 98
Fritz Geller-Grimm 110, 117
Jürgen Helfricht 4, 10, 12, 14, 15, 16, 17, 19, 20, 21, 22, 24, 26, 99, 100, 101, 104, 105, 107, 111
Senator Hotelbetriebsgesellschaft mbH & Co. KG Hotel Bülow Palais 84
Info-Zentrum Schokolade, Leverkusen 6, 7, 8, 13, 27, 108, 109
Thomas Kube 112
Gerhard Pils 110
Holm Röhner 12, 25, 106, 112, 113, 115, 119
Sächsische und Dresdner Back- und Süßwaren GmbH & Co. KG/Markenteam bzw. M + K 2, 9, 23, 114, 115
Staatliche Porzellanmanufaktur Meissen GmbH 9, 11
Stadtarchiv Radebeul 26
Dirk Sukow 102, 103

Gesamtherstellung: Husum Druck- und Verlagsgesellschaft
Postfach 1480, D-25804 Husum – www.verlagsgruppe.de

ISBN 978-3-89876-607-4